青少年心理成长护航丛书

关注青少年心理成长，著名儿童心理学专家 李红 教授主编

心理学家支招

——终身受益的学习习惯培养

主编 余小燕　　副主编 张绍明 曹贵康 屈沙

U0735125

西南师范大学 出版社

全国百佳图书出版单位 国家一级出版社

图书在版编目（CIP）数据

心理学家支招：终身受益的学习习惯培养 / 余小燕
主编．—重庆：西南师范大学出版社，2012.6
　ISBN　978-7-5621-5769-4

　Ⅰ．①心…　Ⅱ．①余…　Ⅲ．①学习方法－青年读物②
学习方法－少年读物　Ⅳ．① G791-49

　中国版本图书馆 CIP 数据核字（2012）第103645号

青少年心理成长护航丛书

丛书主编：李　红

副 主 编：赵玉芳　张仲明　高雪梅

策　　划：郑持军　卢　旭

心理学家支招——终身受益的学习习惯培养

主编　余小燕　**副主编**　张绍明　曹贵康　屈沙

责任编辑：张浩宇
插图设计：覃　峻
装帧设计：曾易成　丁月华
出版发行：西南师范大学出版社
　　　　　　地址：重庆市北碚区天生路 1 号
　　　　　　邮编：400715　市场营销部电话：023-68868624
　　　　　　http：//www.xscbs.com
经　　销：新华书店
印　　刷：重庆紫石东南印务有限公司
开　　本：787mm×1092mm　1/16
印　　张：12
字　　数：150 千字
版　　次：2012 年 7 月　第 1 版
印　　次：2015 年 4 月　第 3 次印刷
书　　号：ISBN　978-7-5621-5769-4

定　　价：24.00 元

　衷心感谢被收入本书的图文资料的原作者，由于条件限制，暂时无法和部分原作者取得联系。恳请这些原作者与我们联系，以便付酬并奉送样书。

青少年心理成长护航丛书
编委会

主　编

李　红

副主编

赵玉芳　张仲明　高雪梅

编委（以姓氏笔画为序）

于　璐	马文娟	王　琦	王冬梅	王晓樊
冯　立	冯廷勇	卢　旭	付　彦	刘廷洪
刘春卉	刘晶莹	向泓霖	向鹏程	朱　雯
米加德	齐新玉	但　浩	何腾腾	何颖操
余小燕	吴　沙	张　笑	张　萍	张久林
张绍明	张娅玲	李　倩	李　娟	李　浩
李　唯	李东阳	李宇晴	李富洪	李远毅
杨圆圆	汪孟允	肖钟萍	苏哲宸	邹锦秀
陈小异	陈宏宇	屈　沙	武晓菲	武姿辰
罗婷婷	周　婷	郑　伟	郑持军	施桂娟
洪显利	祝正茂	胡丽娟	胡朋利	赵永萍
赵伟华	赵轶然	钟建斌	欧　莹	奚　桃
秦玲玲	郭晓伟	陶安琪	曹云飞	曹贵康
黄　焰	程　凯	彭艳蛟	程文娟	雷园媛
熊韦锐				

给青少年朋友的信

亲爱的朋友：

或许你是中小学生，正苦于如何提高学习成绩；或许正想从众多同学中脱颖而出；或许正在思考如何养成更好的学习习惯……如果你有以上问题或需要，那么，我郑重地邀请你拿起本书，打开它，仔细阅读，相信你一定会获益匪浅。

习惯对一个人一生的影响是巨大的。俄罗斯著名教育家乌申斯基说："好习惯就像是我们在银行里存了一大笔钱，你可以随时提取它的利息，享用一生；一个人的坏习惯就好像欠别人一笔高利贷，老在还钱，还总是还不清，最后逼得人走入歧途。"因此，本书致力于塑造中小学生的良好学习习惯。学习习惯有很多，我认为最重要的、最基础的乃是本书所列的12个：计划、阅读、观察、记忆、思考、创新、记下灵感、探究、合作、谦虚、坚持、利用空闲几分钟。

本书分五个板块来讲述每一个习惯的重要性。

成功阶梯：从众多成功人士的秘诀中找出一共同点：具有某种学习习惯。

习惯魅力：深度剖析拥有该学习习惯如何让人成功。

养成好习惯要诀：逐条教大家如何养成该学习习惯。

心理小知识：从心理学的角度说明该习惯的重要性。

心理小测验：教大家测试自己的现状，对有没有养成良好习惯心中有底：有了，就坚持；没有，就加紧按照书里的指导养成。

我是一名老师，从教多年。本书能与大家见面，也是我常年坚持良好习惯的结果：平时，我总是认真查阅资料，结合学生实际，思考（我自诩为"创新"）出一个又一个学生必备的好习惯；然后利用每一点空闲时间，写下一点点灵感；多年如一日坚持笔耕，积少成多，遂成本书。

但愿本书能给读者朋友们帮助，让你从现在开始，培养良好的学习习惯，这一定会让你受益终身，开始行动吧！

编者

目　录

凡事预则立　不预则废

——第1个必备习惯：计划

计划的制订比计划本身更为重要。

——戴尔·麦康基

计划不能完全准确地预测将来，但如果没有计划，组织的工作往往陷入盲目，或者碰运气。

——哈罗德·孔茨

计划往往夭折于实施之前，这或者是由于期望太高，或者是由于投入太少。

——T.J.卡特赖特

要做事，不要做事务的奴隶。

——英国古谚

一年之计在于春，一日之计在于晨。

——中国俗语

戴尔·卡耐基说："一个人不能没有生活，而生活的内容，也不能使它没有意义。做一件事，说一句话，无论事情的大小，说话的多少，你都得自己先有计划，先问问自己做这件事、说这句话有没有意义。你能这样做，就是奋斗的开始。"

谋定而后动

● **成功阶梯**

《孙子兵法》上说："谋定而后动，知止而有得"。意思就是说谋划周到准确而后有所行动，知道在合适的时机收手，会有收获。所谓"磨刀不误砍柴工"，在做事情之前定好计划，考虑充分，往往能收到事半功倍的效果。田忌赛马的故事正是古人计定而后大举策略的成功体现。

战国时期，齐威王很喜欢赛马。齐国的大将军田忌与其比赛，往往是赛三场输三场，每次较量都输掉不少金子。一次，孙膑去看赛马，经过观察，他认定，就马的力气而论，双方相差不多，都有上、中、下之分。当然良马都在君主的马厩里。每次田忌都用良马对君主的良马，劣马对君主的劣马，依次角逐，自然输掉。于是，孙膑为田忌出计：第一场先用下等马与国君的上等马对赛，第二场用上等马与国君的中等马对赛，第三场再用中等马与国君的下等马对赛。田忌按孙膑所说的方法去办，结果，再赛时，第一场虽然输了，但第二场和第三场获得了胜利，终于二比一赢了国君。

诸葛亮与刘备等人的"隆中对"更是我国历史上最著名的计划了。诸葛亮隐居隆中（今湖北襄阳城西），207 年，第一次与刘备讨论天下形势，便拟定如下计划：占据荆、益二州；安抚益州西北诸戎、南部夷越；整顿内政；外与孙权结好；等候北方有变故，荆州军攻洛阳、南阳，主力益州军出秦川一带，人心附归，天下可以渐定。而事后的发展也正如他所预料的一样——天下三分，刘备也在他的辅佐下，终成一方霸主。

● **习惯魅力**

毛泽东步步为营

毛主席在革命时期一直有列计划的习惯，不管是土地革命时期"农

村包围城市"的方针，还是抗日战争时期提出的"开辟敌后根据地"，以及解放战争时期发动的"三大战役"，无一不是以毛泽东为首的党中央步步为营制订战略计划，最终取得革命胜利的体现。

华罗庚统筹生活

华罗庚是我国著名的数学家和教育家。他一生致力于数学方法和思维方法的应用推广。其中，就有他自己将数学统筹方法应用到生活实践的例子。统筹方法就是一种安排工作进程的数学方法。比如，想泡壶茶喝。当时的情况是开水没有；水壶、茶壶、茶杯要洗；火生了，茶叶也有了。怎么办呢？

办法一：洗好水壶，灌上凉水，放在火上，在等水开的时间里洗茶壶、茶杯，拿茶叶，等水开了泡茶喝。方法二：先做好准备工作，洗水壶、茶壶、茶杯，拿茶叶，一切就绪后烧水，等水开了泡茶喝。方法三：洗净水壶，灌上凉水烧开，水开之后，急急忙忙找茶叶，洗茶壶、茶杯，然后泡茶喝。

哪种方法省时间呢？我们一眼就能看出来第一种办法好，后两种方法都不够科学。华罗庚同志就是在生活的方方面面都利用数学方法做好统筹计划，有条不紊地安排日常生活。从 20 世纪 60 年代开始，他把数学方法应用于实际，筛选出可以提高工作效率的优选法和统筹法，取得了巨大的经济效益。

你有做计划的习惯吗？

下面哪种说法符合你的实际情况呢？

A.我从来不列计划，凡事到了再去考虑

B.我偶尔对重大事情做计划

C.我一般都会做计划，但并不详细，也不一定全部执行

D.我会对重要事情做详细计划，并切实执行

分析：

如果你的回答是A，那说明你还没有养成做计划的习惯。孔子说过：工欲善其事，必先利其器。要做好一件事情，前期的计划和准备工作是非常重要的。与其事到临头手忙脚乱，不如做好规划和准备。

如果你的回答是B或者C，那说明你已经有了做计划的习惯，但是，要想让一切更顺利，还需要坚持去执行计划。所谓知行合一，便是如此。

如果你的答案是D，那恭喜你了，这说明你有良好的做计划的习惯。坚持下去吧，你的一生都会因此受益匪浅！

【心理小知识】

养成做计划的好习惯有哪些好处呢？心理学家告诉你：

防止被动和无目的地学习。学习生活是千变万化的，它总是在引诱你去偷懒。毫无计划的学习是散漫疏懒，松松垮垮的，很容易被外界的事物所影响。制订了学习计划，可以促使你按照计划实行任务，排除困难和干扰。

有利于阶段目标的实现。通过计划合理安排时间和任务，使自己达到目标，也使自己明确每一个任务的目的。

有利于提高学习效率，减少时间浪费。合理的计划安排能够使你更有效地利用时间。你会知道多玩一个小时就会有哪项任务不能完成，

这会给你带来多大的影响。有了计划，每一步行动都很明确，也不需要总是花费心思考虑下一步该学什么。

有利于良好学习习惯的形成。 按照计划行事，能使自己的学习生活节奏分明。从而，该学习时能安心学习，玩的时候能开心地玩。久而久之，所有这些都会形成自觉行动，形成好的学习习惯，从而提高学习效率，减少时间浪费。

有利于锻造意志力。 坚持执行计划可以帮助你克服惰性和倦怠，磨炼你的意志力，而意志力经过磨炼，你的学习效果会进一步提升。这些进步会使你更加自信，从而取得更大的成功。

计划习惯养成诀窍

● 他山之石

诸葛亮和刘伯温在我国民间传说中一直是"料事如神"的代表。他们过人的才智谋略,对形势和人心准确的判断,以及对未来的预测和谋划,似乎都超越了人的极限。无怪乎鲁迅先生说"状诸葛之多智而近妖"。

诸葛亮在南阳躬耕读书的时候,只是一介平民,但名气却十分大,以至于刘备"三顾茅庐",希望能得到他的辅佐。诸葛亮准确地分析了形势,并作出相应的预测和规划:先三分天下,最后一统中原。而事后的发展,几乎每一步都在他的计划下得以实现。

刘伯温出山之前,一直隐居在浙江青田山中。朱元璋盛情邀请他来辅佐,当问及对时局的见解时,他力陈消灭群雄、谋夺天下的"时务十八策",确立了"先灭陈、后攻张、统一江南,北上灭元"的方略。而在具体的军事行动中,更是用一次次精准的判断,在预先的计划下,消灭了敌人,实现了开国伟业。

*诸葛亮、刘伯温的计划习惯

其实,诸葛亮和刘伯温也只是同我们一样普普通通的人而已。他们之所以能未卜先知，是因为他们所作的预测和计划是建立在充分的事实基础上，并且洞悉人心和时势，善于从生活中发现规律。每一次预测，每一次谋划，都是他们精心准备的，体现了他们的深谋远虑。

● 计划习惯养成要诀

那么，结合前人的经验，我们应该如何制订学习计划？

（1）计划要考虑全面

学习计划不是除了学习还是学习。学习有时，休憩有时，娱乐也有时，所有这些都要考虑到计划中。计划要兼顾多个方面，长时间的没有间歇的学习，不仅对身体不好，而且也是不科学的。

（2）长远计划和短期安排兼顾

在一个比较长的时间内，比如说一个学期或一个学年，你应当有个大致计划。由于实际的学习生活变化很多，往往无法预测，所以这个大致的计划不需要很具体。但是你应该对必须要做的事情心中有数。而更近一点，比如下一个星期的学习计划，就应该尽量具体些，把较大的任务分配到每周、每天去完成，使长远计划中的任务逐步得到解决。

有长远计划，却没有短期安排，目标是很难达到的。所以两者缺一不可，长远计划的作用是明确学习目标，并进行大致安排；而短期安排则是具体的行动计划。

（3）安排好常规学习时间和自由学习时间

常规学习时间指由学校规定的学习时间，主要用来完成老师布置的学习任务，消化当天所学的知识。而自由学习时间指除常规学习时间外的归自己支配的时间，你可以用来弥补自己学习中欠缺的地方，或者深入钻研一件有意义的事情。

自由学习时间的安排是制订学习计划的重点，抓住并合理利用自由学习时间，对自己的学习和成长都会有极大的好处。所以我们应该提高常规学习时间的效率，合理利用自由学习时间，掌握自己的学习主动权。

（4）突出学习重点

学习时间是有限的，你的精力也是有限的，所以学习要有重点。在这里，重点一是指你学习中的弱科，二是指知识体系中的重点内容。只有抓住重点，兼顾一般，才能取得更好的学习效果。

（5）从实际出发来制订计划

制订计划，不能脱离学习实际，要符合自己现在的学习压力和水平。有些同学制订计划时，满腔热情，计划得非常完美，可执行起来却寸步难行。这便是因为目标定得太高，计划定得太死，而导致脱离实际。

虽然说要从实际出发，可你明白怎么样是实际吗？实际可以分成三个方面。

知识能力的实际：每个阶段，计划学习多少知识？培养哪些能力？

时间的实际：常规学习时间和自由支配时间分别有多少？

教学进度的实际：掌握老师的教学进度，妥善安排常规学习时间和自由支配时间，以免自己的计划受到"冲击"。

（6）注意效果，及时调整

每一个计划执行结束或执行到一个阶段，就应当回顾一下效果如何。如果效果不好，就应该找找原因，进行必要的调整。

这里是一份简单的回顾列表：

是否完成了计划中的学习任务？

是不是按照计划去执行任务的？

学习效果如何？

如果有任务没有完成，那是什么原因？（安排过紧或是太松？）

回顾之后，要记得补上缺漏，重新修订计划。你也可以通过日记来记录一天的学习计划进度，便于改进和回顾。

（7）计划要留有余地

制订计划不要太满、太死、太紧，要留出机动时间，使计划有一定的机动性。毕竟现实不会完美地跟着计划走，给计划留有一定的余地，这样完成计划的可能性就增加了。

（8）脑体结合，文理交替

学习对脑力消耗非常大，所以不要长时间学习，要适当加入休息时间。而且在安排学习计划时，不要长时间地从事单一活动。学习和锻炼可以交替安排，因为锻炼时运动中枢兴奋，而其他区域的脑细胞就得到了休息。比如说，学习了两三个小时，就去锻炼一会儿，再回来学习。安排学习科目时，也要文理交替安排，相近的学习内容不要集中在一起学习。

（9）提高学习时间的利用率

早晨或晚上，或一天学习的开头和结尾的时间，可以安排着重记忆的科目，如外语。心情比较愉快、注意力比较集中、时间较完整时，可以安排比较枯燥或自己不太喜欢的科目。零星的、注意力不易集中的时间，可以安排做习题和自己最感兴趣的学科。这样可以提高时间利用率。

【心理小知识】

要想制订出一个好的计划，首先要了解计划的特点与结构。

计划的特点：

针对性和预见性。计划要针对具体的事情，目的明确，具有指导意义。计划是在行动之前制订的，它是为了实现今后的目标，以完成下一步工作和学习任务为目的的。

计划的结构：

（1）文章式，即把计划按照指导思想、目标和任务、措施和步骤等分条列项地编写成文，这种形式有较强的说明性和概括性，经常用于全局性的工作计划。

（2）表格式，即整个计划以表格的形式表述。经常用于时间较短、内容单一或量化指标较多的工作计划。

学生的学习计划一般分为两部分：一、写清制订计划的目的和要通过计划达到的目标；二、写清具体的做法。

计划你的人生

● **坚持成习惯**

如果你已经有了做计划的想法，也知道怎么去做计划，那么现在你要做的就只有一件事——坚持！古人说：冰冻三尺，非一日之寒。习惯的养成本身就是一种坚持的胜利，只要坚持下去，你的人生将由你自己掌控！

● **养成计划习惯**

在执行计划时会不可避免地遇到一些新情况。比如班里临时安排了集体活动，跟自己做作业的计划冲突了，这时候就会影响计划的执行。如果提前在计划中安排了机动时间，就不怕有临时活动了。下面的场景，你是否似曾相识？

情景：晚自修时，有的同学非常认真地在写作业，但是也有的学生百无聊赖地坐在桌前，对着那一摞摞厚重的教科书、参考书、习题册呆望了一会儿，从中捡出一本，乱翻了几页，挑出一道题，结果好长时间也没能做出结果，然后只有没好气地把它再丢回书堆中去，再捡起一本……在这简单的重复劳动中，时间匆匆而过。

原因分析：这样的学生心理十分矛盾，一方面想抓紧时间，努力学习。另一方面，又常常举棋不定，不知从何下手，往往由于一些小难题而自暴自弃。

解决方案：要改变这种浮躁的状态，最好的办法就是制订好学习计划。计划是实现目标的前提，没有计划，目标就成了水上浮萍，没有根基。做事没有计划，结果不是"眉毛胡子一把抓"，就是"盲人摸象"，只见树木，不见森林。所以，计划与学习的关系是十分密切的，对于很多学生来说，计划将会成为他（或她）打开大学之门的金钥匙。

制订计划的前提：制订计划的前提是了解自己，明确估计自己的能力，了解当时的学习情况，明确学习的目标。

计划的关键是要实用：列计划只要抓住"详、实"两个字就足够了。所谓"详"是指一份计划上只出现时间和科目是不够的，还要有具体的章节的安排，包括做哪些习题，看哪些笔记，这样才能真正地发挥计划的优势。所谓"实"，就是一定要符合自己的实际情况，适当地高一些也可以，但绝不可过高或过低。太低了，计划的内容松松垮垮，反而不如没有计划。大多数人可能更容易把计划列得偏高，开始还能拼一拼，坚持一下，但很快就败下阵来。如果总是列这种过高过紧的计划，常常完不成，那么时间一久也就会对列计划失去信心了。一份好的计划绝不在于它的起点有多高，而在于它是不是能帮你更好地完成学习任务，让你的能力得到最好的发挥。

计划的执行要坚持：任何学习计划刚执行起来都难免会遇到一些困难，但你应该知道，为执行这份计划而付出的努力是值得的。能够适应这份计划是保证你的远程学习以及未来事业成功的重要步骤。"坚持"是计划实施过程中最难的。由于缺乏毅力与恒心，很易虎头蛇尾。而学习是一个周期比较长的过程，今天的努力，并不能在明天就得到回报，它是量的积累引起质的飞跃的过程。半途而废，最浪费时间与精力，对人的自信心有很大的动摇。所以在实施计划时，一时看不到进步不要焦虑，更不要气馁，不要轻言放弃。坚持！坚持一定能产生奇迹。

严格遵守学习计划的好处：

1. 学习计划表可以帮助你克服惰性和倦怠，当它配合一个自我奖励制度时会更加有效。

2. 如果你能按部就班、循序渐进地完成你的学习计划，那么学习便不会给你带来太大的压力。

3. 学习计划表可以确保你不会浪费时间，使你有时间做其他该做的事。

4. 学习计划表可以使你了解自己的学习进度，清楚地知道哪些事等着做，还可以帮助你对先前的学习做出评价。

你养成做计划的习惯了吗?

1. 你是否制订了一些计划?　　　　　　A. 是　　　　　B. 否

2. 你是否执行了自己制订的计划?　　　A. 是　　　　　B. 否

　　如果你的回答中有"否"的话,说明你做计划的习惯还没有完全养成,需要继续培养哦!如果你的回答都是"是",那么恭喜你,你已经养成了做计划的好习惯!执行你的计划,计划你的人生吧!

　　人生何其短暂,时间就是生命!要主宰自己的命运,就要主宰自己的时间;要主宰自己的时间,就要有良好的规划。同学们,及早规划人生,适时完善,让自己活得实在、活得自在,活出健康与品位,活出快乐与豪气,活出精彩人生!

腹有诗书气自华

—— 第 2 个必备习惯：阅读

书籍是人类知识的总结。书籍是全世界的营养品。

—— 莎士比亚

书籍是屹立在时间的汪洋大海中的灯塔。

—— 惠普尔

书籍是伟大的天才留给人类的遗产。

—— 爱迪生

书是人类进步的阶梯。

—— 高尔基

书犹药也，善读可以医愚。

—— 刘向

读书给人以快乐、给人以光彩、给人以才干。

—— 培根

高尔基说："生活在我们这个世界里，不读书就完全不可能了解人。"因此，他告诉我们："热爱读书吧 —— 这是知识的泉源！"让我们养成阅读的习惯，多读书、读好书，让好书伴随我们一生！

读万卷书

● **成功阶梯**

　　鲁迅先生知识渊博，著作丰富。他一生出版了 16 本文集，共有 650 余篇作品，包括杂文、短篇小说、评论、散文、翻译作品，约 500 万字，另外还有辑校和书信约 100 万字。鲁迅的著作对于"五四运动"以后的中国文学产生了深刻的影响。毛泽东称他是伟大的无产阶级的文学家、思想家、革命家，是中国文化革命的主将，是"民族魂"。鲁迅的著作内容包罗万象，被誉为"百科全书"。他这样丰富的知识是从哪里来的呢？答案就是 —— 阅读！

　　新东方创始人俞敏洪也是一个爱阅读的典型。

　　他说："我记得自己进北大以前连《红楼梦》都没有读过，所以看到同学们一本一本在读书，我拼命地追赶。结果我在大学差不多读了 800 多本书，用了五年时间。但是依然没有赶超上我那些同学。我记得我的班长王强是一个爱书癖，现在他也在新东方，是新东方教育研究院的院长。他每次买书我就跟着他去，当时北大给我们每个月发 20 多块钱生活费，王强有个癖好就是把生活费一分为二，一半用来买书，一半用来买饭菜票。买书的钱绝不动用来买饭票。后来我发现他这个习惯很好，我也把我的生活费一分为二，一半用来买书，一半用来买饭菜票。"

俞敏洪就是靠这样的阅读习惯，成就了他的辉煌人生。

被誉为"北有魏书生，南有李镇西"的李镇西，他曾在《阅读和写作，提高教师素质》中写到他对于阅读的偏爱。

"从教20余年，我可以这样说，我一直在不停地阅读，这已经成了我的生存方式之一，或者干脆说，'阅读欲'就是我的'生存欲'！这些阅读不但赋予我独立思考的信念，而且让我可以从历史和文化的角度俯瞰语文教育。我越来越不愿意把自己当作文章学、修辞学、语言学、考试学的分析家，甚至只是教材与教参的熟练操作者，我要让自己首先是文明的传播者、思想的启迪者、人生的导航者。我依然每天坚持完成我的"五个一"工程：上好一节语文课，找一位学生谈心或者书面交流，思考一个教育问题，读不少于一万字的书，写一篇教育日记。"

● **习惯魅力**

闻一多醉书

"书要读懂，先求不懂"（就是读书时首先要善于发现问题），这是闻一多先生的一句名言。闻一多读书成瘾，一看就"醉"，就在他结婚的那天，洞房里张灯结彩，热闹非凡。大清早亲朋好友都来登门贺喜，直到迎亲的花轿快到家时，人们还到处找不到新郎。大家急得东寻西找，结果在书房里找到了他。他仍穿着旧袍，手里捧着一本书入了迷，可见其爱读成痴。

侯宝林抄书

相声语言大师侯宝林只上过三年小学，但由于勤奋好学，他的艺术水平达到了炉火纯青的地步，成为了有名的语言专家。有一次，他为了买到一部明代笑话书《谑浪》，跑遍了北京城所有的旧书摊也未能如愿。后来，他得知北京图书馆有这部书，就决定把书抄回来。适值冬日，他顶着狂风，冒着大雪，一连18天都跑到图书馆里去抄书，一部10多万字的书，终于被他抄录了下来。

高尔基救书

世界文豪高尔基对书情有独钟，爱书如命。有一次，他的房间失火了，他首先抱起的是书籍，其他的东西都不考虑。为了抢救书籍，他险些被烧死。他说："书籍一面启示着我的智慧和心灵，一面帮助我在一片烂泥塘里站起来，如果不是书籍的话，我就沉没在这片泥塘里，我就要被愚蠢和下流淹死。"

"我扑在书上，就像饥饿的人扑在面包上。"

——高尔基

"我一生的嗜好，除了革命之外，就是读书。我一天不读书，就不能够活。"

——孙中山

【心理小测验】

你有阅读习惯吗？

下面哪种说法符合你的实际情况呢？

A. 我从来不读书

B. 我每天只读教科书

C. 我每天除了读教科书，偶尔还读一些课外书

D. 我每天除了读教科书，还要读很多各种各样的课外书

分析：

如果你的回答是 A，说明你完全没有阅读的习惯。明朝李诩说："一日不读书，百事荒芜。"意思是一天不读书，什么事都做不成。法国哲学家狄德罗说："不读书的人，思想就会停止。"成功和快乐都在书里面，从现在开始喜欢阅读吧。罗曼·罗兰说："和书籍生活在一起，永远不会叹气。"

如果你的回答是 B、C 或 D，恭喜你，说明你已经拥有了阅读的习惯。当然，如果你能阅读更多的书籍，那么成功和快乐会离你更近。因为"好的书籍是最贵重的珍宝"（别林斯基语），"读一本好书，就是和许多高尚的人谈话"（歌德语），所以，以书为伴，养成阅读的习惯，大量地阅读吧！

【心理小知识】

心理学家告诉我们，养成读书的习惯确实有许许多多的益处。

读书让我们增长见识。高尔基说："书是人类进步的阶梯。"阅读可以使我们增长见识，开阔视野，"秀才不出门，便知天下事"，靠的就是读书。通过阅读，可以增加对自然科学、社会科学以及世界各地的风土人情的了解，增强思维的广阔性、深刻性、逻辑性、灵活性。

读书让我们思考。通过阅读，获取新知，体会知识的博大与精深，感悟生命的精微与丰富；在阅读中比较、借鉴、反思、研究，关注知识、关注方法、关注生命、关注社会；通过阅读，我们的使命感与幸福感由此而生。

读书让我们提高思想素养。几乎每个人在学生时代都有自己心中的英雄或学习的榜样，如军人、科学家、老师、英雄人物，或者是身边的同学、自己的父母等。这些令我们崇拜或学习和模仿的楷模中有相当一部分是学生通过阅读各类书籍认识的。当我们进行阅读时便会潜意识地将自己的思想和行为与书中所描述的人物形象进行比较，无形中就提高了自身的思想意识和道德素质。

读书能提高写作水平。古人说："读书破万卷，下笔如有神。"阅读扩大了我们的知识面，开拓了我们的视野，增强了思维的敏捷性，丰富了我们的知识储备，使我们从中汲取了精华，从而掌握了更多的写作方法和技巧，倾吐于自己的作文之中，使自己的作文言之有序、言之有物，进而使写作能力大大提高。

读书让我们幸福。在一个文明的社会里，阅读能力就是学习的能力、生存的能力、自我教育的能力，也是在世俗的喧嚣和空虚中保持一份宁静与充实的能力——幸福的能力。因此，从某种意义上说，热爱阅读，就是热爱生活，这也许比取得多少分数、获得什么文凭对你的一生更为重要。

阅读习惯养成诀窍

● **他山之石**

鲁迅先生从童年时代起，就养成了一个良好的读书习惯，书在手头，不管它是什么，总要拿来翻一下，或者看一遍序目，或者读几页内容。他把自己的这种阅读习惯称为——随便翻翻。在鲁迅看来，这种随便翻翻，有开阔视野、启迪思路、增长知识等诸多好处。因为他的阅读范围广，可称得上是博览群书。

鲁迅有许多藏书，可说是一个琳琅满目、丰富多彩的知识宝库。在这个宝库中，包罗了人类精神财富的精华，有各种各样的政治书籍和理论书籍、佛学和美学方面的书籍，以及大量的自然科学、文学、艺术、社会学、文物考古等方面的书籍。据统计，鲁迅的藏书现在还保存着的，竟达3800多种，12000多册，此外还有5000多张碑拓片。这些书绝大多数是鲁迅"翻"过无数遍的。

＊鲁迅的阅读习惯

归纳起来，鲁迅的阅读习惯表现在以下几个方面。

1. **广阅**：不专看一家之书，而博采众家之长；不只看与自己观点相同的书，也看与自己观点不同的书，特别是论战对手的书，做到知己知彼，百战不殆；不专看本专业的书，也涉猎专业以外的书；不专看本国书，还看外国有关的书，以便得到更多的启发。鲁迅曾经说："读书无嗜好，就能尽其多。不先泛览群书，则会无所适从或失之偏好，广然后深，博然后专。"

2. **硬看**：对较难懂的必读书，硬着头皮读下去，直到读懂钻透为止。

3. **专精**：他提倡以"泛览"为基础然后选择自己喜爱的一门或几门，深入地研究下去。否则，读书虽多，终究还是一事无成。明代胡居仁也曾说过，"读书务在循序渐进；一书已熟，方读一书，勿得卤莽躐等，虽多无益。"说明读书专精之重要。

4. **活读**：鲁迅主张读书要独立思考，注意观察并重视实践。他说："专读书也有弊病，所以必须和社会接触，使所读的书活起来。"他还主张用"自己的眼睛去读世间这一部活书"。英国作家波尔克说："读书而不思考，等于吃饭而不消化。"因此，读书要"活"。

5. **参读**：鲁迅读书不但读选本，还参读作者传记、专集，以便了解其所处的时代和地位，由此深化对作品的理解。

6. **设问**：拿到一本书，先大体了解一下书的内容，然后合上书，可一边散步，一边给自己提一些问题，自问自答：书上写什么？怎样写的？为什么这样写？要是自己，这个题目又该怎么写？鲁迅认为带着这些问题去细读全书，效果会更好些。

7. **跳读**：读书遇到难点，当然应该经过钻研弄懂它。但是遇到一时无法弄懂的问题怎么办？鲁迅认为"若是碰到疑问而只看到那个地方，那无论看到多久都不会懂。所以跳过去，再向前进，于是连以前的地方也明白了"。

8. **背书**：鲁迅的背书方法与众不同，他制作了一张小巧精美的书签，上面写着"读书三到：心到、眼到、口到"10个工工整整的小楷字。他把书签夹到书里，每读一遍就盖住书签上的一个字，读了几遍后，就默诵一会儿，等把书签上的10个字盖完，也就把全书背出来了。

9. **剪报**：鲁迅十分重视运用"剪报"这一方法来积累资料。他的剪报册贴得很整齐，分类也很严格，每页上都有他简要的亲笔批注。鲁迅曾利用这些剪报写了不少犀利的杂文。他曾说过："无论什么事，如果陆续收集资料，积之十年，总可成一学者。"

10. **重读**：这是指读过的书，隔些日子再重读书中标记的重点，花

的时间不多，却有新的收获。

● 阅读习惯养成要诀

（1）选好书

欲读书，选好书！该如何选择图书来读呢？且看下面。

★选书要诀★

☆ 咨询老师、长辈、同学、朋友、专家；

☆ 阅读有关报刊杂志获得好书信息（例如《中国教育报》每天都会有新书介绍或者图书评论）；

☆ 上网自己查书（查怎么选书、查各大网店如当当网的"好书推荐"等）；

☆ 通过图书馆、书店找书；

☆ 选正版原著，不要"缩写本"或"缩印本"。

"缩写本"指把名著进行大量删节，变成字数、内容和语言都比较简单的改编版。这实际上是把新鲜甜美的苹果做成果脯的行为，所以建议选择原版作品阅读。"缩印本"指总字数不减少，但把文字缩小，每页排得密密麻麻的那种书。比如把一部《红楼梦》做成一本书。这样的书可能方便携带，但读起来很累，阅读感觉不好，容易使人厌倦；此外错别字可能也比较多。所以也不要读缩印本。正如我们有机会直接吃新鲜的水果，为什么还要去吃果脯或水果罐头呢？哪个更营养、更健康？"地球人都知道"。

（2）总带一本书

读书是要花时间的。无论你花一年或者一周时间去读一本书，这都无所谓。随身带着它，当你有时间的时候就努力去阅读。在实践中，你可以选择默读，也可以选择大声朗读，甚至背诵。每天只需花挤出来的几分钟。如果一周能读一本书，那么一年至少就能读 50 本。

读中外名著或伟人传记，与高层次的思想对话。每天读一点，感受伟人的魅力，自觉与大师为伍、与伟人为伍的时候，很多教育尽在不言中，一旦形成习惯，我们会终生受益。

李镇西说："对我比较熟悉的人常常惊讶我为什么会有这么多时间来读书，其实，我不过是养成了'手不释卷'的习惯而已。每天晚上我都必须倚在床头至少看几十分钟的书，否则就会失眠。每次我外出开会、讲学或者旅游，我必须带上几本书，火车上、飞机上、宾馆里都是我读书的地方。"

（3）像鲁迅那样阅读

广阅、硬看、专精、活读、参读、设问、跳读、背书、剪报、重读。

【心理小知识】

好阅读读字，坏阅读读图

所谓"读图"就是看漫画、电视或电脑等，是以图像为主的接受信息方式。当下我们正处于一个"读图"时代。如果一个人童年的大部分时间是在电视机前度过的，他对图像会更感兴趣，图像占据了他的输入渠道，建立阅读文字兴趣的最好时光错过了，以后很难对阅读产生兴趣。所以，我们要多"读字"，少"读图"。

"读字"之所以优于"读图"，在于以下原因。

文字是一种抽象的语言符号，可以刺激儿童语言中枢的发展，并且这种符号与儿童将来学习中使用的符号是一回事，他们在阅读中接触得多了，到课程学习中对这种符号的使用就会熟练而自如，这就是"读字"可以让一个孩子变得聪明的简单陈述。

而漫画、电视和电脑都是以图像来吸引人的，尤其电视，这种刺激信号不需要任何转换和互动，孩子只需要坐在电视前被动接受即可。看电视当然也可以让孩子多知道一些事，但它的"读图"方式和被动接受性相对于阅读来说，在智力启蒙方面的作用微乎其微。学龄前儿童如果把许多时间都消磨在电视前，他的智力启蒙就会受到损害。从进入小学开始，他的学习能力就会低于那些经常读书的孩子。

而且，习惯"读图"的孩子，已习惯被动接受，不习惯主动吸收，他在学习上也往往缺乏意志力。台湾著名文化学者李敖用他一贯激烈的口气说："电视是批量生产傻瓜的机器。"

每次，当我们做完老师所布置的作业后，让我们自然而然地从书架上拿起一本书，开始阅读吧。

带着平常心去阅读

阅读是一种润物细无声的影响。在阅读中，首先不要先想着我读完这本书后就会写出优美的作文，读完那本书后我就会写出书来。不要带着功利心去阅读，而要以平常心去阅读。要把阅读当成生命中一件自然而然的事去做，就像一个人要吃饭穿衣一样。

俗话说"内行看门道，外行看热闹"。中小学阶段的课外阅读差不多都属于"外行"阶段，我们能看"热闹"就已很好，不经历这个阶段，也难以达到内行的阶段。

阅读的功能在于"熏陶"而不是"搬运"。眼前可能看不出什么，但只要读得足够多，丰厚底蕴迟早会在我们身上显现出来。

事实是，我们越少对自己提出不适当的记忆与背诵要求，我们通过阅读掌握的知识就会越多。苏霍姆林斯基对此有深入研究，他发现，"人所掌握的知识的数量也取决于脑力劳动的情感色彩：如果跟书籍的精神交往对人是一种乐趣，并不以识记为目的，那么大量事物、真理和规律性就很容易进入他的意识"。

读书小方法

☆　阅读正文之前先看目录、前言，领略全书风格。

☆　回想自己所了解的，比作者多或少的地方（绝大多数是少）。

☆　如果少，先问问自己：想从这书里看到什么问题，什么是自己最感兴趣的，读这本书对自己有什么帮助。

☆　目标确定后，规定阅读时间。

☆　读书重点放在目录、大标题和每章节的开头结尾处，这样速度快而且能抓住重点。

☆ 记下一些好的句子或重点段落。

☆ 读书过程中，随时保持"批判性思维"。让自己的思路活跃起来，把每一个能联想起来的点画成图，同时写出作者的优缺点及自己的看法，想想还可以参考哪些书。

☆ 最后复习一遍，选择重点段落完善所画的图。

☆ 自己整理笔记，总结收获。

☆ 对于好书（自己珍惜的书），一定要反复读，常读常新。

阅读习惯初养成

● **坚持成习惯**

读不在三更五鼓 功只怕一曝十寒

这是郭沫若曾经写的一副读书联，意思是说：读书要靠平时下功夫，不能一心血来潮就加班加点搞突击，要想获得成功，必须锲而不舍，持之以恒，决不能时而勤奋时而懈怠，三天打鱼两天晒网。

习惯养成贵在坚持。阅读习惯的养成，也离不开坚持！

屈原洞中苦读

屈原，战国末期楚国丹阳（今湖北秭归）人，是中国最伟大的浪漫主义诗人之一，也是我国已知最早的著名诗人。他创立了"楚辞"这种文体。屈原小时侯不顾长辈的反对，不论刮风下雨、天寒地冻，都躲到山洞里读《诗经》。经过整整三年，他熟读了《诗经》305篇，从这些民歌民谣中吸收了丰富的营养，终于成为一位伟大诗人，创作出了《离骚》《九歌》等传诵至今的伟大作品。

孔子读易，韦编三绝

孔子，名丘，字仲尼，鲁国陬邑（今山东省曲阜市南辛镇）人，中国春秋末期的思想家和教育家，儒家思想的创始人。孔子少年时勤奋好学，17岁时就以学识渊博闻名于鲁国。虽然孔子学识渊博，可他一生都没有松懈过。那时还没有发明纸，书籍都是书写在竹简上，然后用牛皮绳编连起来。像《周易》这样的书，当然是由许许多多竹简编连起来的。

孔子到了晚年，花了很大的精力，把《周易》全部读了一遍，基本上了解了它的内容。不久，又读第二遍，掌握了它的基本要点。接着，他又读第三遍，对其中的精神、实质有了透彻的理解。在这以后，为了深入研究这部书，同时为了给弟子讲解，他不知又翻阅了多少遍。这样读来读去，把编连竹简的牛皮绳也给磨断了，不得不换上新的再用。就这样，一连换了三次牛皮绳，孔子才把《周易》研究透。即使读到了这样的地步，孔子还是不满意，说："如果我能多活几年，我就可以多理解些《周易》的文字和内容了。"由此可见，再聪明的人，如果没有这种坚持不懈、持之以恒的刻苦精神，也不能成为有学问的人。

● **计划阅读**

下面我们一起来制订一个"这个良好的阅读习惯养成计划"，我们分三大环节八个方面制订计划。

选书

☆ 选什么书？

☆ 从哪里获得书？

读书

☆ 读什么书？

☆ 什么时候读？

☆ 读多少页？

☆ 怎么读？

☆ 什么时候读下一本书？

阅读监控

☆ 什么时候检查阅读计划执行情况？

对照本章前面的内容，你可以自己制订阅读习惯养成计划，当然也可以与老师、同学或者爸爸妈妈讨论后制订你的计划。

【心理小测验】

你养成阅读习惯了吗？

1. 你是否制订了阅读习惯养成计划？　　A. 是　　　　B. 否

2. 你是否按计划在阅读图书？　　　　　A. 是　　　　B. 否

如果你的回答中有"否"的话，说明你的阅读习惯还没有完全养成，需要继续培养哦！如果你的回答都是"是"，那么，恭喜你，你已经养成了阅读的好习惯！在阅读中感受快乐吧！

让我们用书点燃心灵，用阅读丰富人生。捧起好书，聚集在阳光下，蜗坐在书桌旁。在教室、寝室、书房，为自己，为理想，为未来，为祖国，为明天，阅读吧！

世事洞明皆学问

——第3个必备习惯：观察

细节在于观察，成功在于积累。

——爱默生

一切推理都必须从观察和实验中得来。

——伽利略

对微小事物的仔细观察，就是事业、艺术、科学及生命各方面的成功秘诀。

——史迈尔

观察对于儿童之必不可少，正如阳光、空气、水分对于植物之必不可少一样。在这里，观察是智慧的最重要的能源。

——苏霍姆林斯基

观察的才能要比创造的才能更为少见。

——左拉

欲要看究竟，处处细留心。

——宋帆

应当仔细地观察，为的是理解；应当仔细地理解，为的是行动。

——罗曼·罗兰

发现美的眼睛

● **成功阶梯**

　　达尔文是生物进化论的创始人。恩格斯在《在马克思墓前的讲话》一文中，曾将达尔文的发现与马克思对人类历史规律的发现相提并论。但不要以为达尔文是个智慧超群的人，他自己认为他本人只具有中等水平的本领，他说："我超过常人的地方在于，我能够觉察那些很容易被忽略的事物，并对它们进行精细的观察。"可见精细观察对科学发现和科学发明多么重要。

　　莫泊桑，19 世纪后半期法国优秀的批判现实主义作家，一生创作了 6 部长篇小说和 350 多篇中短篇小说，他的文学成就以短篇小说最为突出，是与契诃夫和欧·亨利并列的世界三大短篇小说巨匠之一，对后世产生极大影响。

　　莫泊桑曾拜法国著名作家福楼拜为师。自从他拜师福楼拜之后，每逢星期日就带着新习作，从巴黎长途奔波到鲁昂近郊的福楼拜的住处去，聆听福楼拜对他前一周交上的习作的点评。福楼拜对他的要求非常严格，首先要求他敏锐透彻地观察事物。莫泊桑遵从师教，逐渐善于发现别人没有发现过和没有写过的事物，后来，当他在谈到作家应该细致、敏锐地观察事物时，说："必须详细地观察你想要表达的一切东西，时间要长，而且要全神贯注，才能从中发现迄今还没有人看到与说过的那些方面。

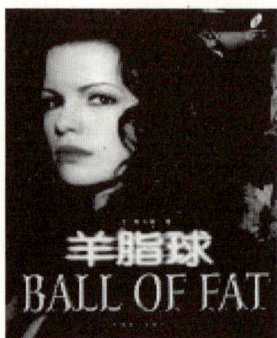

羊脂球
BALL OF FAT

为了描写烧得很旺的火或平地上的一棵树，我们就需要站在这堆火或这棵树的面前，一直到我们觉得它们不再跟别的火焰和别的树木一样为止。"

一次，福楼拜还建议莫泊桑做这样的锻炼：骑马出去跑一圈，一两个钟头之后回来，把自己所看到的一切记下来。莫泊桑按照这个办法锻炼自己的观察力有一年之久。此外福楼拜还让他听街上的马车声来训练观察力。1880 年，莫泊桑的成名作《羊脂球》发表了，它使莫泊桑一鸣惊人，读者称他是文坛上的一颗新星。从此，他一跃登上了法国文坛。

瓦特小时候看见祖母在厨房烧水，开水在沸腾，壶盖在啪啪作响，还不断往上冲。瓦特观察了好半天，问祖母这是什么原因。祖母只说水开了就这样。瓦特还是不满足，继续问为什么水开了壶盖就跳动，是什么东西推动它吗？祖母因为忙，不耐烦地说，小孩子问这些问题干嘛。瓦特虽然挨了批评，却并没有灰心。他继续观察思索着，最终发现原来是水

瓦特和他发明的蒸汽机

蒸汽顶得壶盖往上冲。在此基础上，成年的瓦特发明改良了蒸气机。从此，人类进入了"蒸气时代"，世界也揭开了第一次工业革命的序幕。

● **习惯魅力**

达·芬奇画鸡蛋

达·芬奇 14 岁那年，到佛罗伦萨拜著名艺术家弗罗基俄为师。弗罗基俄是位很严格的老师，他给达·芬奇上的第一堂课就是画鸡蛋。开头，达·芬奇画得很有兴致，可是以后第二课、第三课……老师还是让他画鸡蛋，这时达·芬奇想不通了，小小的鸡蛋，有什么好画的？

有一次，达·芬奇问老师："为什么老是让我画鸡蛋？"老师告诉他："鸡蛋，虽然普通，但天下没有绝对一样的，即使是同一个鸡蛋，只要你观察的角度不同，投来的光线不同，画出来也不一样，因此，画鸡蛋是基本功。就是要锻炼你观察的能力。基本功要练到画笔能圆熟地听从大脑的指挥，得心应手，才算功夫到家。"

达·芬奇听了老师的话，很受启发。他每天拿着鸡蛋，一丝不苟地照着画。一年、两年、三年……达·芬奇画鸡蛋用的草纸，已经堆得很高了。他的艺术水平很快超过了老师，终于成为伟大的艺术家。

牛顿与苹果

传说1665年秋季，牛顿坐在自家院中的苹果树下苦思行星绕日运动的原因。这时，一只苹果恰巧落下来，落在牛顿的脚边。这是一个发现的瞬间，这次苹果下落与以往无数次苹果下落不同，因为它引起了牛顿的注意。牛顿从苹果落地这一理所当然

的现象中找到了苹果下落的原因——引力的作用。这种来自地球的无形的力拉着苹果下落，正像地球拉着月球，使月球围绕地球运动一样。正是这种善于观察的习惯，使得牛顿最终发现了"万有引力定律"。

巴甫洛夫的实验室

巴甫洛夫是前苏联著名的生理学家、心理学家，是高级神经活动学说的创始人。在漫长的研究生涯中，他十分重视观察细节，思考原因。因为实验环境下，很多现象是转瞬即逝的，而巴甫洛夫注重观察这些细微的差别，从而发现了科学

的魅力。在巴甫洛夫的实验桌上，刻着这样一句话：观察，观察，再观察！他时刻提醒着自己，一定要善于观察，勤于思考。

　　法国著名雕塑家罗丹说："生活中不缺少美，缺少的是发现美的眼睛。"只要我们细细观察，世界的五彩缤纷尽在眼前。养成善于观察的良好习惯，用你的慧眼去发现生活的美。

【心理小测验】

你有观察的习惯吗？

下面哪种说法符合你的实际情况呢？

A. 我从来不观察周围事物

B. 我偶尔会对自己感兴趣的东西进行观察

C. 我经常观察身边的事物

D. 我不仅细心观察，而且勤于思考

分析：

　　如果你的回答是 A，说明你完全没有观察的习惯。冈察洛夫说过，观察与经验和谐地应用到生活中就是智慧。聪明的你，怎么会轻易放弃这种智慧呢？

　　如果你的回答是 B 或者 C，说明你已经初步养成了观察的习惯。达尔文曾经说自己既没有突出的理解力，也没有过人的机智，只是在观察那些稍纵即逝的事物并对其进行精细观察的能力上，可能在众人之上。

　　如果你的回答是 D，恭喜你了，你不仅喜欢观察，而且善于观察。培根说，书不以用处告人，用书之智不在书中，而在书外，全凭观察得之。意思就是说，我们学习书本知识还不够，善于通过观察来应用才是明智的。尽情去观察生活，去发现生活中那些其他人察觉不到的美丽吧！

【心理小知识】

☆ 什么是科学观察？

观察力是一项十分重要的能力。孩子只有先通过眼睛观察，才能进一步思考，想出好的方法和对策，缺乏观察力，会失去很多学习、吸收知识的机会，影响孩子的思维能力和动手能力。许多科学家、研究学者之所以能够在他们的研究领域内有所成就，很多时候并不因为他们比其他人更聪明，而在于他们更善于发现问题、探究问题，在于他们非同寻常的观察力，在于他们对身边看似寻常事物的超越一般人的敏锐洞悉。良好的观察力对孩子的成长与求知就是这么重要。

观察力是科学探究过程中一种基本的和普遍的能力。捷克著名教育家夸美纽斯说："一个人的智慧应从观察天上和地下的实在的东西中来，同时观察越多，获得的知识越牢固。"幼儿观察力的提高不仅对于科学学习有益，对幼儿的思维发展、语言表达能力的发展也十分有益。

所谓观察能力，是有目的、主动地去考察事物并善于全面正确发现事物的各种典型特征的知觉能力，在教学中起着相当重要的作用。

在教学中，我们要怎样引发学生去学会观察、学会描述呢？这就要了解掌握学生的不同心理特征，了解这些学生的观察能力水平如何。

观察力也不是天生的，而是通过培养和训练，在实践活动中逐渐形成和发展起来的。观察力对学生来说，是获得知识的必要条件，对教师来说是提高教育、教学质量和技巧的重要手段。

很多科学家、艺术家从小就善于观察，喜欢思考，因此他们的人生获得了成功。

☆ 观察的益处

1. 观察发现趣味

想必同学们都学过《达尔文与小松鼠》这篇课文。小时候的达尔文爱到野外去玩。天上的鸟，地上的虫，水里的鱼，他都喜欢。他从来不捉小动物，而是观察他们怎样生活。有一次，他又到树林里去玩，看见树上有几只从未见过的小鸟。他站住了，仰着头仔细观察。那天，他穿的是一件棕色粗糙的外衣，站在那儿一动不动，像一根树干。一只小松鼠跑来了，顺着他的腿往上爬，一直爬到肩膀上。小松鼠坐在他的肩膀上，左看看，右看看，还翘着小尾巴，跟树上的妈妈打招呼呢。

想一想当时的场景，小松鼠和他一起玩，这是多么有趣的事呀！

2. 观察发现不同

福尔摩斯是闻名世界的大侦探。有一次，一名记者问他为什么破案这么准确、迅速。他磕了磕手中的大烟斗说："因为我会观察。"福尔摩斯就是善于观察，在观察中发现不同，找到现场的蛛丝马迹，从而神速破案。

3. 观察有助于写作

许多学生由于平时不注意积累素材，每到作文时就去刮肠搜肚，或者胡编或者抄袭。解决这一问题的方法是积累素材。观察是积累素材的方式之一。要留心观察身边的人、事、景、物，从中猎取你作文时所需要的材料：你要对一些看似不大有用实则很有意义的事情产生兴趣，注意观察起因、过程和结果；你要留意校园花坛里的植物一年四季如何变化它的颜色，学会刨根问底，弄清这些变化的来龙去脉；你要走向社会，同更多的人接触，观察他们的一言一行，要思索一些东西，随时将它们汇入自己思想的长河。这就是观察的过程。观察之后，你要随时记录，以写生、写日记、写观察笔记等形式，及时记录家庭生活、校园生活、社会生活中的见闻。记录时要抓住细节，把握人、事、物、景的特征。这样，写出的文章就有血有肉。

俄国小说家契诃夫就这样谆谆告诫初学者："作家务必要把自己锻炼成一个目光敏锐永不罢休的观察家！要把自己锻炼到观察简直成习惯，仿佛变成第二个天性。"

4. 观察成就大发明

但凡伟大发明差不多都是来自于细心的观察。如达尔文通过对一些植物、动物形态的观察而发现了进化论，牛顿观察苹果落地推出了牛顿第一定律。看看下面的故事，想想观察是不是十分重要？

相传古希腊一位国王造了一顶金冠，怀疑被金匠掺入白银，要阿基米德鉴定，但不许弄坏金冠，阿基米德一时无计可施。一天，他用浴盆洗澡，发现水漫溢出来，身体则感到微微上浮。他突然得到灵感：相同重量的物体体积不同，排出的水量也不同……他跳出浴盆，高兴地喊道："找到了！找到了！"随即将金冠和同样重量的纯金分别放入盛满水的盆中，发现放纯金的盆中溢出的水少些，证明金冠中掺有白银。在此基础上，他经过总结，终于发现浮力定律：浸在液体里的物体受到向上的浮力，浮力大小等于物体排开液体所受的重力。

观察习惯养成诀窍

● **他山之石**

鲁班发明锯的故事

相传有一年,鲁班接受了一项建筑一座巨大宫殿的任务。这座宫殿需要很多木料,他和徒弟们只好上山用斧头伐木,当时还没有锯子,效率非常低。一次上山的时候,鲁班无意中抓了一把山上长的一种野草,却一下子将手划破了。鲁班很奇怪,一根小草为什么这样锋利?于是他摘下了一片叶子来细心观察,发现叶子两边长着许多小细齿,用手轻轻一摸,这些小细齿非常锋利。他明白了,他的手就是被这些小细齿划破的。后来,鲁班又看到一条大蝗虫在一株草上啃吃叶子,两颗大板牙非常锋利,一开一合,很快就吃下一大片。这同样引起了鲁班的好奇心,他抓住一只蝗虫,仔细观察蝗虫牙齿的结构,发现蝗虫的两颗大板牙上同样排列着许多小细齿,蝗虫正是靠这些小细齿来咬断草叶的。这两件事给了鲁班很大启发。于是他就用大毛竹做成一条带有许多小锯齿的竹片,然后到小树上去做试验,结果果然不错,几下子就把树干划出一道深沟,鲁班非常高兴。但是由于竹片比较软,强度比较差,不能长久使用,拉了一会儿,有的小锯齿就断了,有的变钝了,需要更换竹片。鲁班想到了铁片,便请铁匠帮助制作带有小锯齿的铁片。鲁班和徒弟各执一端,在一棵树上拉了起来,只见他俩一来一往,不一会儿就把树锯断了,又快又省力,锯就这样被发明出来了。

思考:在鲁班之前,肯定会有不少人碰到手被野草划破的类似情况,为什么单单只有鲁班从中受到启发,发明了锯?

＊鲁班的观察习惯

答案:鲁班很注意对生活当中一些微小事件的观察、思考和钻研。大多数人碰到鲁班的情况后,只是认为这是一件生活小事,不值得大

惊小怪，他们往往在治好伤口以后就把这件事忘掉了。而鲁班却通过对此微小事件的观察、思考和钻研，获得了创造性发明。这告诉我们一个道理，留意生活中许多不起眼的小事，注意观察，勤于思考，会增长许多智慧，甚至会有大发明。

● **计划习惯养成要诀**

（1）**要尽量创造观察的条件**

培养自己的观察力，要首先从观察一些简单、具体、熟悉的东西着手。比如，观察某一种常用家电，我们就到家电市场去，仔细观看这种家电的种类、样式、性能、品牌，同时比较各品牌的不同。

再如，我们常去公园或动植物园，到了那里，首先要总体了解一下那里生长了什么植物、有什么动物，然后选择一种你感兴趣的来仔细观察。比如植物，你要观察它的根、茎、叶、花、果实、生长习性等；动物呢，你就要观察它的外形、活动情况、生活习性等。总之，观察无处不在。

（2）**随时做好观察记录**

许多人游览时往往是"走马观花"，去过的地方不少，可是头脑中留下的印象不多。为了避免出现这样的情况，就需要我们随时做好观察记录。观察记录中一般要记下什么时间什么地点观察到了什么现象。

（3）**要在观察中比较和思考**

做好记录后，就要比较。比较有多种，例如比较今天和昨天的观察现象的不同，比较此物种和彼物种的不同等等，当然重点是要思考为什么会不同。

（4）**通过分析，得出结论**

在思考的过程中要多加分析、广泛查阅资料、询问专家或老师，最后得出结论。

观察三忌

观察过程中要注意以下几点：

（一）观察决不要仅仅局限于"用眼看"：广义的更有实际意义的观察是指要将人的五官全部调动起来：用耳朵去聆听，用身体去感受，更重要的是要用心思索，这样的观察才会更加细腻、深刻。

（二）观察过程中要注意运用好"烂笔头"：俗语说得好：好记性不如烂笔头。好多同学每天看到的挺多，思索的也挺多，但是不善于随时记下来，这样就会使观察到的材料付之东流，许多有价值的东西也会白白浪费掉。

（三）观察尤其要注意持之以恒：别犯"脑热病"。三分钟的热度对观察是不行的，你要将观察生活、思索生活贯穿于生活的每一天，这样你才会有所收获。

观察习惯初养成

● **坚持成习惯**

纪昌学射的故事

甘蝇是古代一个善于射箭的人，拉开弓，兽就倒下，鸟就落下，百发百中。甘蝇的一个弟子名叫飞卫，向甘蝇学习射箭，但他射箭的本领却超过了他的师傅。

纪昌又向飞卫学习射箭。飞卫说："你先学会看东西不眨眼睛，然后我们再谈射箭。"纪昌回到家里，仰面倒下躺在他妻子的织布机下，用眼睛由下向上注视着织布机上提综的踏脚板练习不眨眼睛。练了三年之后，即使有人用针刺他的眼皮，他也不眨一下眼睛。

纪昌把自己练习的情况告诉了飞卫，飞卫说："这还不够啊，还要学会视物才行。要练到看小物体像看大东西一样清晰，看细微的东西像显著的物体一样容易，然后再来告诉我。"纪昌用牛尾巴的毛系住一只虱子悬挂在窗口，朝南面远远地看着它，十天之后，看到的虱子渐渐大了；三年之后，虱子在他眼里有车轮那么大。转过头来看其他东西，都像山丘一样大。纪昌便用燕地的牛角装饰的弓，用北方出产的篷竹作为箭杆，射那只悬挂在窗口的虱子，穿透了虱子的心，但牛尾巴的毛没有断。

纪昌把自己练习的情况告诉了飞卫，飞卫抬高脚踏步，并拍着纪昌的胸脯，说道："你已经掌握了射箭的诀窍了。"

在这个故事中，纪昌坚持不懈地观察学习，终于掌握了射箭的诀窍。试想纪昌如果半途而废，那他又怎么可能成为我国古代著名的射手呢？

任何一个习惯的养成，都离不开坚持，如果你不努力去发现，去观察，去探索，任何事情都等待别人给你一个答案，那么你永远不会发现这个世界有别样的美丽和快乐！

● 计划观察习惯

我们不妨来制订一个观察计划，按照这个计划慢慢养成善于观察的好习惯。

步骤一　首先，确定我们每天要观察的事物。这些事物可以是生活中极常见的，比如蚂蚁下雨之前搬家，蜘蛛结网等。

步骤二　撰写观察日志，从细节上观察这些事物的变化。

步骤三　思考为什么会有这些变化。

步骤四　查阅相关资料，弄清楚原因。

【心理小测验】

你养成观察习惯了吗？

1. 你是否制订了观察习惯养成计划？　　A. 是　　　　B. 否

2. 你是否按计划在观察生活？　　　　　A. 是　　　　B. 否

分析：

如果你的回答中有"否"的话，说明你的观察习惯还没有完全养成，需要继续培养哦！如果你的回答都是"是"，那么，恭喜你，你已经养成了观察的好习惯！在观察中发现美丽吧！

欲要看究竟，处处细留心。细节在于观察，成功在于积累。巴甫洛夫说："观察，观察，再观察"。对微小事物的仔细观察，就是事业、艺术、科学及生命各方面成功的秘诀。为了美好的人生，让我们仔细观察：通过眼睛、耳朵、鼻子，动用一切感觉器官，去观察吧！

记忆为才智之母

——第4个必备习惯：记忆

记忆为智慧之母。

——亚里士多德

记忆力并不是智慧；但没有记忆力还成什么智慧呢？

——哈柏

一切智慧的根源都在于记忆。

——谢切诺夫

一切知识的获得是记忆。记忆是一切智力活动的基础。

——培根

记忆是一切脑力劳动之必需。

——帕斯卡尔

伏尔泰说："人，如果没有记忆，就无法发明创造和联想。"所以，培养良好、科学的记忆习惯对于我们的学习、生活是至关重要的。那么，我们现在就踏上良好记忆习惯的养成之路吧。

记忆成就未来

● **成功阶梯**

　　拿破仑是纵横欧洲的一代英雄。他能很准确地叫出自己军队中每一位士兵的名字，能如数家珍般说出法国海岸每一门大炮的口径和安放位置，常常能随时指出下级报告中的细节失误。凡是了解拿破仑或是为他写传记的作家，无不为他卓越的记忆力而惊叹不止。据《拿破仑传》记载，拿破仑19岁那年，一次因犯军纪被关禁闭，他偶然在禁闭室中发现一本讲罗马法典的书，便逐字逐句地阅读起来。15年以后，在制订《拿破仑法典》的会议上，他能随口引证《罗马法典》中的内容，那些参加礼服会议的著名法学家们惊讶得目瞪口呆。正是凭借着这种惊人的记忆力，拿破仑成为了卓越的军事家、政治家，并缔造了法兰西帝国。

　　美国总统罗斯福也是一个凭借良好的记忆力而取得成功的好例子。在谈到他取得成功的秘诀时，他说道：

　　"我知道一个最简单、最明显、最重要的使人获得好感的方法，那就是牢记别人的名字，使人感觉受到了重视。作为一名政治家，要学的第一堂课就是记住选民的姓名，这就是政治才能。如果你忘记了他们的名字，你将会被湮没。"

　　罗斯福正是靠着这种记忆别人名字的好习惯，成就了他辉煌的一生。

　　达·芬奇是意大利文艺复兴三杰之一，也是整个欧洲文艺复兴时期最完美的代表。他从小就有记忆图画、临摹图画的习惯。在十几岁时，他

到寺院里游玩，目光被一幅壁画吸引住了。回到家中，他毫不费力地把看到的壁画默画了下来，物象比例和细节点缀宛如原作，连色彩明暗差别都再现得十分逼真。这种记忆习惯，为他后来的艺术创作打下了坚实的基础，并最终成就了他精湛的艺术造诣。

● **习惯魅力**

海伦·凯勒坚持记忆

海伦·凯勒是美国著名的作家、教育家。她通往成功的道路满是坎坷。在她还是个小女孩的时候，不幸就降临到了她的身上，年幼的她染上了猩红热，这夺去了她的听觉和视觉。从此，她的世界就陷入了一片黑暗和寂静。对于一个盲聋人，要进行学习是多么的困难。但她并不因此而向命运低头，相反，她每天都花大量的时间在学习上，并坚持记忆所掌握的知识。就这样，凭着其不屈不挠的精神，她掌握了大量的知识，能默写出大量的诗词、文章，其记忆力已大大高过正常人水平。最终，成就了其不平凡的人生。马克·吐温说："19世纪出了两个了不起的人物，一个是拿破仑，一个是海伦·凯勒。"

孙冶方腹稿记忆

1968年，我国著名经济学家孙冶方被扣上"中国经济学界最大的修正分子"的帽子，不幸入狱。在狱中，孙冶方不但没放弃自己的正确观点，反而凭着坚定的信心和非凡的记忆力，写下了《社会主义经济论》一书。因为狱中恶劣的环境，无法提供纸笔供他写作，他只能将大量已贮存在脑中的资料不停地在心里打腹稿，一字一句，一章

孙冶方

43

一节，他细心地构思，然后静静地默背，让每一个字都深刻在脑中。出狱后，他凭借在狱中的记忆，一挥而就。

司马光笨鸟先飞

《资治通鉴》的作者、我国历史上著名的史学家司马光，他小时候记忆力并不出色。但他要强而不服输，别人念一遍能背的内容，他就念三遍四遍，非背熟不可，决不落在别人的后边。为了有更多的时间学习，记忆更多的知识，他为自己设计了一套特殊的睡觉方式：一张木板床和一个圆木枕头。圆木枕头放在木板床上，很容易滚动，只要头部稍微动一下，圆木滚到一边，头就会撞到床上，人就会醒来。这一圆木枕头就是"警枕"，可以提醒自己抓紧时间学习。

记忆力是你生活、学习、工作和事业中最重要的能力之一。

——居里夫人

人的头脑、人的四肢，越用越灵，越练越强；相反不经常磨炼，时间长了，就会生锈。

——茅以升

【心理小测验】

你有记忆习惯吗？

1. 下面哪种说法符合你的实际情况呢？

A. 我从来不背诵课文

B. 我每周只背诵老师布置的一些课文

C. 我每周除背诵老师布置的一些课文外，还适当增加其他背诵材料

2. 在看书时，你有做笔记的习惯吗？

A. 我从来不做笔记

B. 我只做少量的笔记

C.我习惯做较多的笔记

分析：

如果你的回答是 A，说明你完全没有记忆的习惯。我们的大脑潜在的记忆能力是惊人的，它同样遵循着"用进废退"的规律，也就是说记忆力是在不断练习、使用中而增强的。所以，现在就行动起来吧！每周背诵一些课文，学会在阅读中做笔记，不知不觉间，你会发现，原来我的记忆力是如此强大！

如果你的回答是 B 或 C，恭喜你，说明你已经拥有了记忆的习惯。当然，如果你能背诵更多的课文，坚持做大量笔记，那么成功和快乐将离你更近。因为"记忆是一切智力活动的基础"（培根语），"一切智慧的根源都在于记忆"（谢切诺夫语）。所以，不断开发、培养自己的记忆力，记住生活、学习中的每一段美好，尽情享受良好记忆习惯带来的幸福感吧。

【心理小知识】

心理学家告诉我们，养成良好、科学的记忆习惯确实有许许多多的益处。

记忆可以巩固知识。很难想象一个没有记忆能力的人是如何不断获得知识的。阅读帮助我们获取知识，而记忆则帮助我们巩固所得到的知识，可以说，是记忆造就了人的无比丰富的知识库，这使得我们有了不断接受新知识的可能。

记忆有助思考。人在思考的时候，需要不断调动大脑，使其回忆起相关的知识，并利用这些已储存在大脑中的知识与当前遇到的问题进行比较、综合、归纳、抽象、具体化等，从而达到解决问题的目的。由此可见，记忆力越好，大脑中所存储的知识越多，越有利于思考。正是有了记忆，人的思维和智力才不断发展。

记忆有助于交流。平时有计划地记些故事、典故、新闻等等，当需要与人交流、讨论时，便可将这些故事、新闻搬出来，引经据典地发表自己的观点。这样，不仅使自己的观点更具说服力，还能让人觉得你博学多才，魅力非凡。

记忆促进学习工作。准确而敏锐的记忆是成功的前提。如果你是学生，好的记忆将帮助你快速掌握知识，在考试时发挥出色；如果你是上班族，好的记忆将使你在繁忙的工作中有条不紊，将竞争者甩得远远的；如果你是管理者，好的记忆将令你思路清晰，作出正确的决策。

记忆可以排忧解扰。还在为忘带钥匙出门而郁闷吗？还在为找不到心爱的宝贝而烦扰吗？还在为回忆不起知识点而在考场纠结吗？如果你拥有一个好的记忆力，那么这些烦扰、忧愁都将远离你的生活。还有什么比快乐的生活更重要的呢？快快行动，用记忆排忧解扰吧。

好记忆谁都能拥有

● **他山之石**

　　培养良好的记忆力是取得成功所必需的条件，许多伟人的成功都与其平时就养成的记忆习惯有很大的关系。那么，他们是如何养成记忆习惯的呢？

　　我们的毛泽东主席喜爱博览群书，重点的书籍还会多读几遍。司马光的《资治通鉴》一书，他就读了多达17遍。对于唐诗宋词更是要求达到背诵的程度。在学习过程中，他喜欢多思考，多提问，通过对比多家观点，来使自己对知识的把握更为清晰，并能适时地提出自己的独到见解。这样，通过提问、思考和总结，知识就不会再忘了。此外，毛泽东在多年的学习实践过程中，逐渐养成了手中无笔不读书的习惯。毛泽东的读书笔记形式灵活多样，除各种记录外，还有选抄本、摘录本，以备做重点记忆。他在读《辩证法唯物教程》时，就写了近13000字的批语。

　　＊毛泽东的记忆习惯

　　毛泽东的记忆习惯归纳起来就是坚持"四多"，即：

　　1. **多读**：除了要看各种各样的书，我们还需有针对性地对一些书籍进行多次重复阅读，这样不仅可以促进对知识的理解以加深记忆，还可激发对知识的新想法和新观点。

　　2. **多问**："兴趣是学习的最好老师"，"缺乏兴趣，将使记忆消失"（歌德语）。在提问的过程中，我们就会不知不觉地对书本的知识产生兴趣，从而进一步激发我们潜在的强大记忆力。

3. **多思**：光会提问还不行，我们还需多思考问题，力图对书本中的知识有自己独到的见解。这样，在思考问题的过程中，我们就不自觉地对知识进行了有效的记忆。

4. **多写**："好记性不如烂笔头"。在看书过程中，如果能适时地做些笔记，那么对知识的记忆将起到事半功倍的效果。

美国麻省理工大学罗宾森教授，小时候学习成绩很差，尤其是在英语的学习上，单词总是记不住。面对老师的提问，他常常以受到同学的嘲笑收场。虽然如此，他始终坚信自己能行！最终，经过努力，他做到了，而且做得比许多人都好。在此过程中，他总结了一套行之有效的记忆方法。这就是著名的SQ3R记忆法。

* 罗宾森教授的记忆习惯（SQ3R记忆法）

1. **浏览**：看一本书，先看前言、目录、内容提要、标题等，以求对一本书有个大致了解，再确定是否有必要进一步阅读，以及采取什么样的阅读方式。这样可以大大减少精力的浪费，便于将记忆力集中于最有用的知识。

2. **发问**：在浏览的基础上，再进行一次浏览，这次主要看书中的大小标题、黑体字或其他重要的标题。弄清书的主旨和精髓，并在此基础上尝试提出一些问题来。

3. **阅读**：带着问题深入阅读，弄清书中主要概念的意义，勾画重点，注意重点段落、字句的阅读。通过反复阅读可加强记忆，还可通过记笔记来增强记忆。

4. **复述**：合上书本，尝试回忆。复述书的框架、各部分的主要内容和书中重点段落，对之前提出的问题进行解答。通过复述可以找到尚未掌握的难点，从而进行有针对性的记忆，提高记忆效率。

5. **复习**：在复述的基础上，根据问题及解答的结果，进行全面的、有重点的复习。这里要注意复习的及时性，合理安排复习时间，可有效巩固记忆。

● **记忆习惯养成要诀**

（1）学会重复

"温故而知新"，"学而时习之"，孔子常这样告诫其学生。因为对于学过的知识，如果不尽快及时地复习，是很容易遗忘的。德国哲学家狄慈根曾说过"重复是学习之母。"恩格斯也说过，他有这样一个习惯：隔一段时间就要重读一遍他的笔记和书中做记号的地方，来巩固他非常精确的记忆。类似地，诺贝尔奖获得者李政道是这么做的：他每读完一段之后，就会把书合上，按自己的理解把思路走一下，如果走不出来，再看书，想想自己为什么走不出来，别人为什么走通。由此可见，重复对于提升记忆力的作用之大。你还在犹豫什么呢？快把看过的书，学过的知识都拿出来重复一遍吧。

（2）培养对自己记忆力的信心

"记忆的关键，在于'我能记住'这种自信心"。纵观历史，凡是拥有超强记忆力的伟人，无一不是对自己的记忆力充满信心的。很难想象一个对自己没信心的人，如何拥有好的记忆力。正如美国心理学家胡德华说的那样，"凡是记忆力强的人，都必须对自己的记忆充满信心。"所以，无论情况多糟，都应相信自己的记忆力，没有记不下的，只有没信心记下的。

（3）锻炼自己的注意力

美国教育家爱德华兹提出"锻炼记忆力的良好方法是锻炼自己的注意力。"因为注意力集中时，我们可以在同一信息、知识点上停留足够长的时间来对其进行加工处理利用，这就促进了对这一信息、知识的记忆。记住"谁善于留心，谁就善于记忆。"看书时，找个安静、不易分心的地方，训练自己集中注意力的能力，然后你会发现，记忆书本知识不再困难。

（4）像毛主席那样记忆

"四多"记忆法：多读、多问、多思、多写。

（5）学习罗宾森教授的记忆习惯

SQ3R 记忆法：浏览、发问、阅读、复述、复习。

【心理小知识】

（1）"吃"出好记忆

良好的饮食习惯对身心的健康发展大有好处，尤其有利于保持大脑良好的记忆能力。在日常的饮食中，我们要注意尽量少吃垃圾食品，多吃些新鲜水果蔬菜。食物摄入量不宜过多，以七分饱为宜，"量出为入"。吃太多油炸食品、包装食品等，以及长期饱食，都会对我们的记忆力有损害。此外，我们还应注意养成吃早餐的好习惯。研究表明，有吃早餐习惯的人比没有吃早餐习惯的人的记忆力要强许多。

人体所需的营养物质主要有蛋白质、脂肪、维生素、矿物质、碳水化合物等，这些物质的充分摄取，对维持和增强我们的记忆力是至关重要的。那么，我们都需要从哪些食物中摄取这些营养物质呢？下面我们来一一列举。

蛋白质（大脑助推剂）这是保持我们大脑高效工作所必需的营养物质。保证身体每日适量的蛋白质供给，将有助于我们更快速地思考，从而有利于记忆力的提升。富含蛋白质的食物主要有鱼肉、鸡肉、奶类、蛋类、贝类、大豆等。

脂肪你知道吗？脂肪分为饱和脂肪和不饱和脂肪，而这两种脂肪对记忆力的作用是不一样的。研究发现，食用不饱和脂肪的动物比食用饱和脂肪的动物学习能力更强，而且不容易忘记所学的东西。这就告诉我们，在日常饮食中，我们要尽量多选择含不饱和脂肪的食物。这些食物主要有大豆、葵花、橄榄等榨取的油、坚果、鱼类等。这里有必要再提个醒：不可食用过量脂肪。低脂肪饮食易消化，保持动脉健康，使脑袋更清醒，精神更集中，而这些都是好记忆力的前提。

维生素与矿物质这是保证人体正常代谢及活力所不可或缺的营养物质。拥有一颗充满活力的脑袋，记忆力自然能良好地发挥出来。此类营养物质主要存在于新鲜的瓜果蔬菜中。

碳水化合物（大脑镇静剂）压力是记忆力的一大杀手。当你想放松、减轻压力的时候，吃些富含碳水化合物的食物是个很好的选择。富含碳水化合物的食物主要有谷类、豆类、坚果等。注意：碳水化合物虽然有缓解压力的作用，但过量食用会导致大脑反应迟钝哦。

（2）"睡"出好记忆

充足的睡眠是保持头脑清醒、思维敏锐所必备的条件。睡眠不足会影响注意力的集中，降低学习能力，更会伤害健康。近来的研究显示，睡眠还有助于舒缓压力，增强记忆力。所以，赶紧行动起来，养成睡眠好习惯吧！

1.确定固定的每天上床和起床的时间，这两个时间差要保证在8小时以上，这样才能保证每日所需睡眠量；

2.中午时间可适当小睡（半小时内为宜），但不宜睡大觉；

3.睡前一小时，尽量放松自己，不玩电脑，避免大脑过于兴奋；

4.避免在晚上喝含有咖啡因的饮料（如可乐、咖啡等）；

5.不饮酒，以免破坏养成的良好睡眠周期；

6.利用空闲时间，多闭目养神。

记忆习惯初养成

● 坚持成习惯

"工欲善其事，必先利其器。"要想在学习生活中取得好成绩，增强自己的记忆力是十分必要的。记忆力除受先天的遗传因素影响外，更多的是可以经过训练而得以提高的。每个人的记忆力本来都差不多，只是部分人经过后天的不懈努力，记忆力才得以开发和提高。

下面来看看一些伟人的记忆好习惯。

高尔基视书如食

高尔基是前苏联伟大的无产阶级作家，是前苏联社会主义文学的奠基人。在他很小的时候，由于家境贫寒，只能出去做童工以养活家人，这使得他无法进学校学习。但出于对知识的渴望，他并未放弃读书。他把读书看作是一种享受，珍惜每一分空闲时间来看书。在此过程中，高尔基养成了早读和晚读的习惯。因为这两个时段，没有人会打扰他读书，他可以十分专心地记忆书中的知识。尽管学习的条件是艰苦的，但高尔基凭借着这期间养成的良好习惯，记忆了丰富的知识，终于写下了《童年》、《在人间》、《我的大学》等世界名著，被列宁誉为"无产阶级艺术最杰出的代表"。

"书痴"郭绍虞

郭绍虞是我国著名的教授、学者、文学批评家和语言学家。他从小家境贫寒，没上过几年学，但却拥有着渊博的学识，这和他的勤奋学习以及对知识的无限渴望密切相关。

中学辍学不久，他被介绍到尚公小学教书，在这所小学旁有个不错的图书馆，这给郭绍虞提供了一个读书的好去处。每逢午休和下班时间，在别人都在休息娱乐时，他就会带上笔和本子来到图书馆，边阅读，边做笔记。做好的笔记，他

常以卡片的形式放在床头、镜子前，以便随时背诵和复习。

为了更快更牢固地记住相关知识，他每月还要进行归类总结，并写下自己的观点。此外，他还为自己规定了"餐前一，睡前三"的任务：每日三餐前他都让弟弟考他一条，答上就用餐，答不上就饿肚子；睡前要考三条，答上睡觉，答不上就继续思索，直到会了为止。就是靠着这样的争分夺秒的精神与毅力，他将图书馆的资料都渐渐地转为了自己的知识。

● **计划记忆习惯**

下面我们一起来制订一个"良好的记忆习惯养成计划"，我们分三大环节六个方面制订计划。

选择记忆材料

☆ 选什么记忆材料？

☆ 从哪里获得这些材料？

开始记忆

☆ 每周或每天什么时候记忆？

☆ 每次记忆多少内容？

☆ 如何记忆这些内容？

监控

☆ 什么时候检查记忆习惯养成计划执行情况？

对照本章前面的内容，你可以自己制订记忆习惯养成计划，当然你也可以通过与老师、同学伙伴或者爸爸妈妈讨论后制订你的计划。

【心理小测验】

你养成记忆习惯了吗？

1. 你是否制订了记忆习惯养成计划？　　A. 是　　　B. 否

2. 你是否按计划在进行记忆？　　　　　A. 是　　　B. 否

分析：

如果你的回答中有"否"的话，说明你的记忆习惯还没有完全养成，需要继续培养哦！如果你的回答都是"是"，那么，恭喜你，你已经养成了记忆的好习惯！尽情地享受记忆带给你的幸福吧！

用记忆点亮学习之路，用愉快的心情去学习，去记忆，你将发现学习之路旁已开满了鲜花。

我思故我在

—— 第 5 个必备习惯：思考

业精于勤荒于嬉，行成于思毁于随。

—— 韩愈

智慧，不是死的默念，而是生的沉思。

—— 斯宾诺莎

沉思就是劳动，思考就是行动。

—— 雨果

一分钟的思考抵得过一小时的唠叨。

—— 托马斯·胡德

真知灼见，首先来自多思善疑。

—— 洛克威尔

爱因斯坦说："任何读多思少的人都会养成懒惰思维的习惯。"我们在花大力气学习知识的同时，更应该多思考，通过思考与前人知识的结合，才能编织出真正的智慧。所以，跟随着本章，让我们开启培养多思考的好习惯之旅。

行成于思

● **成功阶梯**

爱因斯坦是世界著名的物理学家。幼年时期的爱因斯坦发育较迟缓，三四岁时还不大会说话。他常常托着下巴在想：雨为什么会从天上掉下来？月亮为什么不会从天上掉下来？在四五岁的时候，爸爸给了他一个罗盘，他非常喜欢这个玩具，爱不释手地摆弄起来，并对罗盘的红色指针一直指向北方感到惊奇。为什么它总是指向南北，而不指向东西呢？他喃喃地向自己提出了一个许多小朋友没有想到的问题。对于自己提出的这个问题，他长时间痴痴地思考着，虽然一直没找到真正的原因，但正是这样的思考孕育了一颗要做出伟大发现的种子。长大后的爱因斯坦一直保持着思考的习惯。终于，他在物理学领域作出了重大贡献——建立了狭义相对论，并在此基础上推广为广义相对论，且于 1921 年获得了诺贝尔物理学奖。

同样在物理学领域作出巨大贡献的牛顿也是一个爱思考的科学家。长期以来，牛顿认为，一定有一种神秘的力存在于宇宙之中，这种无形的力拉着太阳系中的行星围绕太阳旋转。但是，这到底是怎样的一种力呢？对于这一问题，牛顿一直苦苦思索着。有一天，牛顿在自家院子里的苹果树下思考这一问题时，一个苹果恰巧落下来，落在牛顿的脚边。这一自然发生的现象引发了牛顿更加深入的思考，并产生了顿悟，找到了苹果下落的原因——引力的作用。这种来自地球的无形的力拉着苹果下落，正像地球拉着月球，使月球围绕地球运动一样。正是凭借着自己爱思考的习惯，牛顿在物理学界留下了不可磨灭的印迹，他与苹果的故事更是广为流传。

网易公司的创始人丁磊出生于一个高级知识分子家庭，他四五岁的时候很淘气，但并不像别的孩子一样整天在外面调皮捣蛋，而是喜欢待在家里摆弄他的小玩意：一些电子管件、半导体之类的东西。

后来丁磊迷上无线电，初一的时候，他组装了自己的第一台六管收音机，在当时，那是一种最复杂的收音机，能接受中波、短波和调频广播，这件事在当地一时传为佳话，都说丁家出了个"神童"，长大以后一定是当科学家的料子。长大后丁磊虽未成为科学家，但凭借着爱思考的良好习惯，他在互联网世界思索出了自己的事业，创立了著名门户网站——网易，成为屡次登上中国富豪榜的企业家。

● **习惯魅力**

阿基米德忘我思考

相传叙拉古的希洛王叫工匠做一项精致的纯金王冠。有人报告说，工匠在制作王冠时用银子偷换了金子。国王叫阿基米德想办法在不损害王冠的情况下查出王冠里是否掺了假。于是，阿基米德冥思苦想考虑如何解决这个难题。

有一天，他到澡堂去洗澡。当他躺进澡盆时，发现自己身体越往下沉，盆里溢出的

水就越多，而他则感到身体越轻。阿基米德欣喜若狂地跳出了澡盆，甚至忘记了穿衣服就直奔王宫，边跑边喊："找到了，找到了！"阿基米德找到了什么？他找到的不仅是鉴定金王冠是否掺假的方法，而且是重要的科学原理，即浸没在水中的物体受到一个向上的浮力，浮力的大小等于它所排开水的体积。据此即可计算出王冠中金和银的含量。因为重量相同的物体，密度大的体积就小。金的密度大于银，因而金块和银块同重时，金块的体积必然小于银块的体积，如把同重的金块和银块放入水中，那么金块排出的水就比银块排出的水少，而王冠排出的水在这两者之间，这就证明了王冠不是纯金的。阿基米德忘我的思考使得浮力定律从科学的海洋中浮出水面。

爱思考的钟道隆

钟道隆先生一生风风雨雨，他通过自己不懈的努力，在许多领域做出了一个又一个的骄人成绩。将军、教授、教育家、科学家等许多受人尊敬的称号都与他紧密联系在一起。45岁时，他开始自学英语，并在一年后成为翻译家。在此期间，他还设计发明了电脑语言复读机。52岁时，他自学电脑，成为了电脑作家，10多年间写作、翻译了30余本书。57岁的他开始专研记忆方法，总结出了一套快速牢固的记忆方法。他能背出圆周率1800位左右，并可指导普通人在1小时内记住圆周率100位以上。对于学习和工作中取得的成功，钟道隆先生总结出"三信三不迷信"：信努力，不迷信天才；信自己，不迷信他人；信基本功，不迷信速成。他认为，人的大脑约有10000亿个神经细胞，而人已经使用的部分是非常少的，说明人的潜力大得惊人，不要上来就说自己智力不行，你还有好多好多没开发呢！养成多思考的好习惯，很多问题都能迎刃而解。

"学习知识要善于思考，思考，再思考，我就是靠这个方法成为科学家的。"

——爱因斯坦

"科学的灵感，决不是坐等可以等来的。如果说，科学上的发展有什么偶然的机遇的话，那么这种'偶然的机遇'只能给那些学有素养的人，给那些善于独立思考的人，给那些具有锲而不舍的精神的人，而不会给懒汉。"

——华罗庚

【心理小测验】

你有思考的习惯吗？

1. 下面哪种说法符合你的实际情况呢？

A. 我从来不思考问题

B. 我只思考老师布置的一些问题

C. 我除思考老师布置的一些问题外，还思考一些别的问题

2. 平时的你有问问题的习惯吗？

A. 我从来不提问

B. 我偶尔会提问

C. 我经常提出许多问题

分析：

如果你的回答是 A，说明你完全没有思考的习惯。歌德说过："谁没有用脑子去思考，到头来他除了感觉之外将一无所有。"所以，行动起来，去努力思考，不要害怕因此而浪费时间，因为思考可以拓宽思路，发现通往真理的捷径。正如雨果说的："一个专心致志思索的人并不是在虚度光阴。"

如果你的回答是 B 或 C，恭喜你，说明你已经拥有了思考的习惯。当然，如果你能思考更多问题，坚持提问，探索真理，那么成功和快乐将离你更近。因为"把时间用在思考上是最能节省时间的事情。"（卡曾斯语）而这节省下来的时间可以让你更充分地享受生活。那么，你还在犹豫什么，赶紧行动，加入思考的队伍中吧。

心理学家告诉我们，养成好提问、勤思考的好习惯对我们更好地生活与学习是很有帮助的。

思考可以加深对知识的理解。书本上的知识都是前人经过千百次的思考而总结出来的，如果只是单纯地记忆，那么不但难以记住，还无法有新发现。通过对书本知识的再三思考，则可以使这些知识和我们的个人经验相结合，加深对其的理解。这样不仅可以把知识牢记于心，还有助于我们发现新的知识。

思考有助跟上时代步伐。当今社会是个信息高速发展的社会，只有学会思考，从现实与过去的经验中把握明天，根据事物发展变化的规律，判断和推测未来发展的趋势，才能使我们紧跟时代步伐，不至于被时代所淘汰。

思考有助提升人际关系。善于思考的人了解别人的心理，在人际交往中，能迅速地发现别人感兴趣的事或话题，从而为进一步的交往打下基础。要知道玩得好的两个朋友通常都知晓彼此的喜好，也正是这种喜好使他们成为了好朋友。

思考促进学习工作。学习也好，工作也罢，都是需要人们进行思考才能取得成功的。思考可以拓宽我们的思路，使难题迎刃而解；思考可以提高工作效率，使工作更上一层楼。

思考使人快乐。想想看，当别人还在为完不成老师布置的题目烦扰时，你却能通过自己的思索解决了这些难题，这是多么快乐的事啊。同样是遇到困难，别人满是悲观，而你却经过思考，看到了希望，认识到"塞翁失马，焉知非福"，这是多么幸福的事啊。既然思考可以使我们快乐，那我们何乐而不为呢。

思路决定出路

● **他山之石**

　　通过上节的阅读，想必同学们都能意识到养成良好的思考习惯的重要性了。那么，该如何培养爱思考的好习惯？如何提高我们的思考能力呢？我们先看看美国发明大王爱迪生的故事。

　　爱迪生出生在一个贫穷的农民家庭。小时候的他就爱动脑筋，喜欢不停地问问题，而且对任何事情都好奇得很。有一天早晨，小爱迪生突然不知道跑到什么地方去了。傍晚，焦急的父亲终于在库房附近发现了他。爱迪生正聚精会神地蹲在一个鸡窝里。"你蹲在这里干什么？"爱迪生的爸爸又气又喜。"我在孵小鸡呢，爸爸！"爱迪生指着屁股下面的一堆鸡蛋，神秘地回答。父亲听了后哭笑不得，用力把他拉出了鸡窝。回到家后，爱迪生不服气地说："为什么母鸡能孵小鸡，我就不能呢？" 小爱迪生总是这样，提一些让人觉得莫名其妙的问题。他还把这种"坏习惯"带到了学校里。

　　上学后不久，一位老师就上门找到了他母亲，说："这孩子神经有点不大正常，总是提一些可笑的问题妨碍课堂秩序，可能是个低能儿。您还是别让他上学了吧！"爱迪生的妈妈完全没有理会老师的胡言乱语，把爱迪生领回了家，开始亲自教他。她用尽了所有的耐心来教爱迪生，对他提出的所有问题都很认真地、不厌其烦地回答。爱迪生学得很快，但提出的问题也越来越多，有的问题把妈妈也难倒了。

　　从小就培养起的爱提问、好思考的习惯，为后来爱迪生上千项发明的问世打下了扎实的基础。

＊爱迪生的思考习惯

爱迪生的思考习惯归纳起来有以下几点：

1. **爱观察**：观察是对未知世界的探索，是思考的基础，没有对事物的观察就谈不上思考。学会细致地观察事物，对我们培养深入、全面地分析思考问题的能力是极为有益的。外面的世界很精彩，让我们都拥有一个善于发现"美"的眼睛吧。

2. **爱提问**：如果说观察是思考的基础，那么提问则是思考的前提。通过提问，我们可以将思考的对象集中于几个点上，便于更高效地思考。同时，提问的过程也是思考的过程。学会有针对性的提问，是培养良好思考习惯所不可或缺的条件。不要害怕提问，会提问是聪明的表现。要知道"懒于思索，不愿意钻研和深入理解，自满或满足于微不足道的知识，都是智力贫乏的原因。这种贫乏用一个词来称呼，就是'愚蠢'。"（高尔基语）

3. **好奇心**：好奇心可以指引我们去观察身边的事物，去发现未知的世界，没有好奇心就没有发现、没有发明。我们对某件事物越是有好奇心，就越会去探索它，从而才会有所发现。许多伟人的发明、创造都与其强烈的好奇心挂钩。所以，尽情地放飞自己的好奇心吧，你会发现其实我们离伟人不远。

● **思考习惯养成要诀**

（1）集中注意力

想要培养思考习惯、提高思考能力，首先要做的是养成集中注意力的习惯。因为如果我们不能集中注意力，就不能将我们想要思考的对象从外部纷繁复杂的世界中分离出来。在观察同一个棋局时，职业棋手能比普通人更快地看懂该棋局的原因就在于，他们将注意力集中在了棋局上少数几个重要的棋子上，而不是像普通人那样将注意力分散于整个棋局。由此，我们不难看出，集中注意力确实有利于我们养成高效思考的习惯。

（2）学会独立思考

任何一个人，都必须要养成自学的习惯，即使是在学校的学生，也要养成自学的习惯，因为他们迟早要离开学校的！自学，就是一种独立学习、独立思考的能力，就像行路，还是要靠行路人自己。独立思考的能力是科学研究和创造发明的一项必备才能。历史上任何一个较重要的科学创造和发明，都是和创造发明者的独立地深入地看问题的方法分不开的。所以，在平时的学习中，遇到什么不懂的，先别急于翻答案、问老师，我们可以先自己思索一番，能自己解决的问题，坚决自己搞定，实在想不出了，再在他人的指导下解决，切不可完全依赖他人的帮助。

（3）准备问题记录本

我们的想法常常一闪而过，如果平时随身携带一个记录本，当有什么新颖的想法或问题冒出时，就把它记下，这样就可防止一些好点子、好问题被遗忘。待到有空时，可对这些想法、问题进行深入地思考。这么做，可以让我们的思维得到充分的锻炼，好处多多哦。

（4）多练习

很多事情光想是没用的，思考虽然以想为主，但也不可忽视了练习。想到的东西与写下来的东西是有很多不同的，所以尝试将自己思考到的东西写下，多做些练习，对自己的思考过程做些总结，你会发现你的思考能力在不知不觉间又有了显著的提升。

（5）学习爱迪生的思考习惯

爱观察，爱提问，有好奇心。

【心理小知识】

如何高效提问

从以上爱迪生的故事中，我们可以看到多提问题对我们锻炼思考能力是多么的重要，那么该如何有效地提问呢？心理学家提供了如下几点建议。

1. 积累相关知识：问题能否提出很大一部分原因取决于你是否有相关的知识储备。只有有了一定的知识，才有可能对新知识提出自己的问题。我们不可能指望一个脑袋空空的人能提出什么问题。所以，在平时的学习中，我们就要努力多积累一些知识，知识多了，我们对事物的了解才更深入，从而也就能提出更有针对性的问题。

2. 寻找矛盾：对于当前接触到的事物，我们可以将其与自己以往的知识进行对比，发现它们间的矛盾点，这样，一个很好的问题便可能产生了。

3. 寻找联系：与找矛盾相似，我们可以尝试发现新旧事物或知识间的联系，从而就可提出诸如两事物间存在什么联系，为什么会有这样的联系等等的问题。

4. 全面提问：如何全面地提问呢？有个很简单的方法，即，是什么，为什么，怎么做。具体讲就是，当遇到某一现象时，我们可以依次问如下三个问题：这一现象是什么？为什么会出现这一现象？对于这一现象引起的问题，我们该怎么解决？

5. 追问法：在实际生活中，我们会发现一个问题的解决，常常会有其他问题伴随着产生。这时，我们不可停止脚步，相反，我们应该在第一个问题解决的基础上继续提出问题。这种刨根到底的发问法对我们提升思考能力很有帮助。

大脑的潜能

你知道吗？正常人的脑细胞约 140 亿～ 150 亿个，但只有不足 10% 的脑细胞被开发利用，其余大部分都在休眠状态。更有研究统计认为有 98.5% 的细胞是处于休眠状态的，甚至有专家认为只有 1% 的脑细胞参加大脑的功能活动。而人在 30 岁以后每天脑细胞是以 10 万个的速度在死亡，虽然这对大脑 150 亿脑细胞来说是微不足道的，但如果死亡的是已开发的、有功能的脑细胞，必然影响脑效能，必显迟钝呆板。我们的大脑潜能约有 95% 尚待开发与利用，即使像爱因斯坦这

些科学精英的大脑的开发程度也只达到13％左右。按照这样的理解，开发大脑潜能，让自己变得更加聪明起来并非什么天方夜谭。那么该怎么做呢？说白了就是要多用脑、多思考、多练习。下面列举一些发挥大脑潜能的练习及生活方式。

1. 练习脑筋急转弯，尝试解决难题；

2. 在看似毫不相干的主题之间寻找相同之处；

3. 发现常见物品的新奇用处，如，尽可能多地说出钉子的不同用处；

4. 发展你的批判性思维，学会辨别常见的错误；

5. 学习雕刻、绘画、音乐演奏等艺术创作；

6. 深呼吸、睡好觉、多锻炼、多食健脑食品；

7. 多动手脑，少用科技；

8. 参观博物馆，阅读科普文章；

9. 多写文章，题材尽量丰富；

10. 尝试改变生活环境，锻炼自己的适应能力。

当然，发挥大脑潜能的练习还有很多，这里仅列举了很少的一部分，总之，要想充分开发自己的大脑，让自己变得更聪明，我们需要进行大量的练习。

思考习惯初养成

● **坚持成习惯**

"没有任何权宜之计可以让人逃避真正的劳动——思考。"（爱迪生语）人类之所以能在地球万物中脱颖而出，成为地球上最有智慧的生物，其原因就在于从古至今我们都在不断地思考。思考可以解决问题，思考可以促进学习，思考可以成就事业，那么，我们为什么不养成思考的好习惯呢？

下面我们先来看看一些伟人的思考习惯。

废寝忘食的李四光

李四光是我国著名的地质学家，从小就对自然科学十分感兴趣。他热爱思考问题，把解决难题当做生活中的一大乐趣，每次有难题被解决，他都会感到欣喜。爱思考的他几乎达到了废寝忘食的地步。为了弄懂一道难题，他常常能一个人在教室里待上一整天，直到把问题解决了才想起自己饭还没吃。

长大后的李四光把爱思考的好习惯带到了英国伯明翰大学。在那里学习地质时，为了能对书中的知识进行更深入的理解、学习，他每天晚上都要花大量的时间做大量的习题，并将自己思考得出的结论与老师进行讨论。学有所成的李四光回国后，又经过大量的考察和研究，总结出中国地质学理论，终于成为了我国著名的地质学家。其成功背后的秘密是什么呢？他曾对别人说："我并不比别人聪明，但我用了比别人更多的时间去学习。"

"科学怪人"卡文迪许

亨利·卡文迪许是英国伟大的化学家、天文学家、数学家和物理学家。他是个勤于思考，热爱研究的人。为了科研，他争分夺秒，将生活中的点滴时间都花在了学习和思考上。长时间的学习与思考使他渐渐养成了孤僻的性格。在他的眼中，除了家人和少数几个朋友外，其他都是陌生人。他不喜欢过多的交际，因为这些交际会打扰到他的工作。在不得已要与人打交道时，他常常一言不发，头脑中仍旧思考着他的研究。因此，很多人都称他为科学怪人。

卡文迪许虽然不善于交际，但正是他执着于思考，执着于科研的精神，才成就了他在科学界的辉煌。

● **计划记忆习惯**

下面一起来制订一个"思考习惯养成计划"，我们分三大环节五个方面制订这个计划。

选择提问及思考的材料

☆ 选什么材料进行提问、思考？

☆ 从哪里获得这些材料？

开始提问、思考

☆ 每周或每天提多少个问题？

☆ 每周或每天思考多少个问题？

☆ 如何解决这些问题？

监控

☆ 什么时候检查思考习惯养成计划执行情况？

对照本章前面的内容，你可以自己制订思考习惯养成计划，当然你也可以通过与老师、同学伙伴或者爸爸妈妈讨论后制订你的计划。

【心理小测验】

你养成思考的习惯了吗？

1.你是否制订了思考习惯养成计划？   A.是   B.否

2. 你是否按计划在进行思考?　　　　　　A. 是　　　　B. 否

分析:

如果你的回答中有"否"的话,说明你的思考习惯还没有完全养成,需要继续培养哦!如果你的回答都是"是",那么,恭喜你,你已经养成了勤于思考的好习惯!用思考不断给你的生活注入快乐吧!

我们都是待燃的火把,借助思考的力量,勇敢地点燃我们潜在的无限创造力吧,前方的路将因我们潜能的燃烧而更加绚丽多彩。

不落窠臼乐无穷

—— 第 6 个必备习惯：创新

创造力是人类最伟大的力量。

——顾拜旦

生命的第一个行动就是创造。

——罗曼·罗兰

如果你要成功，你应该朝新的道路前进，不要跟随被踩烂了的成功之路。

——约翰·D.洛克菲勒

处处是创造之地，天天是创造之时，人人是创造之才。

——陶行知

爱因斯坦说："提出一个问题往往比解决一个问题更重要。因为解决问题也许仅仅是一个数学上或实验上的技能而已，而提出新问题、新的可能性，从新的角度去看旧的问题，却需要有创造性的想象力，而且标志着科学的真正进步。"可见，前人不断的发明创造才使社会逐步发展。而每一个发明，每一次进步都离不开创新！同学们，让我们从现在起舍弃一贯固有的观念，尝试寻找全新的思维方式，多多参与创新活动，缩小思维死角，使创新成为我们生活中的一部分吧！

创新无处不在

● 成功阶梯

世界著名"发明大王"爱迪生（Thomas Alva Edison，1847~1931），一生拥有 2000 多项发明。从他 16 岁发明"自动定时发报机"算起，平均每 12 天半就有一项发明，包括留声机、电影摄影机、钨丝灯泡、发报机、复印机、电车、蓄电池、打字机、水泥、橡皮等，这些为人类的文明和进步作出了巨大的贡献。他是有史以来最伟大的发明家，迄今为止，世界上没有一个人能打破他的发明专利数量的世界纪录。

爱迪生伟大的贡献，除了由于其超乎常人的艰苦劳动外，更因他源源不断的创造力！

在中国 20 世纪 60 年代"绿色革命"的大潮中，涌现出了一位攻下"杂交水稻"难题的科技新星，这就是被外国人誉为"杂交水稻之父"的袁隆平。他为世界粮食安全作出了杰出贡献：增产的粮食每年为世界解决了 7000 万人的吃饭问题。他拥有超过 1000 亿元的品牌价值。可以说，中国靠占全球 8％的耕地面积养活了占世界 22％的人口，很大程度上是因为有了袁隆平！

最初袁隆平作为一名普通中专教师，对"水稻是自花授粉作物，没有杂交优势"的金科玉律提出质疑，并根据实践提出了相反的设想，开始了独辟蹊径的研究。

袁隆平曾说："硬要说杂交水稻的成功有什么秘诀的话，那其中的第一秘诀就是 —— 不拘于现存结论的创新思维！"

● **习惯魅力**

一个卖草帽的老人，有一天躺在大树下打盹，醒来一看，身边的草帽不见了。抬头一看，树上的猴子都顶着一顶草帽。他想，猴子喜欢模仿人的动作，就把自己头上的草帽摘下来往地上一扔，猴子见了也把头上的草帽摘下来往地上一扔。老人拣起草帽高高兴兴地回家了，并把这件事告诉了儿子和孙子。很多年后，孙子继承了家业。有一天也跟爷爷一样在大树下睡着了，草帽同样被猴子拿走。他突然想起爷爷讲的故事，就把头上的草帽摘下来往地上一扔，结果树上的猴子不但没跟着做，反而冲他嘲笑似的吱吱大叫。他正纳闷，猴王出来了，说："还跟我们玩这个，你以为就你有爷爷吗？"

孙子套用爷爷的做法，不仅没有拿回草帽，还被猴王耻笑。这就是墨守成规的结果。只有不断推陈出新，不断开拓创新，才有进步，才可以超越。

【心理小测验】

你有创新的习惯吗？

下面哪种说法符合你的实际情况呢？

A. 生活中，我从来都是照搬现成的办法

B. 我只做老师布置的有关创新的活动

C. 我除了学校布置的有关创新活动以外，偶尔独自进行创新活动

D. 我除了学校布置有关的创新活动以外，还做各种各样的创新活动

如果你的回答是 A，说明你完全没有创新的习惯。创新可以带来

成功和无穷的快乐，从现在开始有意识地培养锻炼创新能力吧。

如果你的回答是B、C或D，恭喜你，说明你已经具备了创新的习惯。当然，如果坚持创新，那么成功和快乐会离你更近！

【心理小知识】

让灯熄灭一次

技师在退休时反复告诫自己的小徒弟："不管在何时，你都要少说话、多做事，凡是靠劳动吃饭的人，都得有一手过硬的本领。"小徒弟听了连连点头。

十年后，小徒弟早已不再是徒弟了，他也成了技师。他找到师傅，苦着脸说："师傅，我一直都是按照您的方法做的，不管做什么事，从不多说一句话，只知道埋头苦干，不但为工厂干了许多实事，也学得了一身好本领。可是，令我不明白的是，那些比我技术差的、比我资历低的都升职了、加薪了，可我还是拿着过去的工资。"师傅说："你确信你在工厂的位置已经无人代替了吗?"他点了点头："是的。"师傅说："好的，不管你以什么理由都行，你一定得请一天假。一盏灯如果一直亮着，那么就没人会注意到它，只有熄灭一次，才会引起别人的注意……"

他明白了师傅的意思，请了一天假。没想到，第二天上班时，厂长找到他，说要让他当全厂的总技师，还要给他加薪。原来，在他请假的那一天，厂长才发现，工厂是离不开他的，因为平时很多故障都是他去处理的。他很高兴，也暗暗在心里佩服师傅的高明。

从此以后，只要家里财务发生了危机，他便要请上一天假。每次请假后，厂长都会给他加薪。究竟请了多少次假，他不记得了。就在他最后一次请假后准备去上班时，被门卫拦在了门外。他去找厂长。厂长说："你不用来上班了！"他苦恼地去找师傅，师傅说："那天，我的话还没有说完呢，你就迫不及待地去请了假。要知道，一盏灯如果一直亮着，的确没有人会注意到它，只有熄灭一次才会引起别人的

注意。可是，如果它总是熄灭，那么就会有被取代的危险，谁会需要一盏时亮时熄的灯呢？"

你看，这个技师不思创新，不知变通，因循守旧，最终砸了自己的饭碗！

破碎的陶瓷

有一个故事说，兄弟俩带着一船烧得极其精美的陶瓷罐子去一个大城市的高档市场上卖。一路颠簸辛苦，就在船快要靠岸的时候，遇上了大风暴。一场惊涛骇浪之后，两个人筋疲力尽，命是保住了。船靠岸一看，几百只瓷罐一个完整的都没有了，全都碎了。

哥哥坐在船头嚎啕大哭，说，这些罐子每一个都是精心烧制出来的，罐子上面的纹路、图案都漂亮极了，我们所有的心血都白费了。到一个大城市，破罐子可怎么卖？我们就是修修补补、粘粘贴贴，也卖不出去了啊。

在他大哭的时候，弟弟上岸了。弟弟到最近的集市上转了一圈，发现这个大城市人们的审美艺术趣味都很高，不管是咖啡馆、商场，还是家庭，都特别重视装修。他拎着把斧子回来了，叮叮当当把破罐子砸得更碎。哥哥非常恼火，问，你干什么呢？弟弟笑着说，我们改卖马赛克了。

兄弟俩把所有的碎片卖到装修材料点。因为罐子本身设计特别精美，所以打成碎片以后特别有艺术感。大家一看碎片非常不规则，又这么漂亮，都很喜欢。结果这些碎片作为装修材料卖了一大笔钱。兄弟俩高高兴兴回家了。

这个故事说明了什么呢？说明了创新的重要性。也就是说，当完整的陶罐不复存在的时候，就让它破碎到极致，换个方式去卖。这不是换一种思维方式吗？

有时候，思路的转换实在是一种智慧。在商场上，没有什么是绝对的对或错，获得最大利润的就是赢家。而如何才能获得最大的利润呢，那就要让创新思维无处不在。

创新妙招

● 他山之石

　　贝聿铭，美籍华人建筑师，他的祖辈是苏州望族，其父贝祖怡是中国银行创始人之一。贝聿铭曾在家族拥有的苏州园林狮子林里度过了童年的一段时光，1935年远赴美国留学，先后在麻省理工学院和哈佛大学学习建筑。1983年，他获得了建筑界的"诺贝尔奖"——普利兹克建筑奖，被誉为"现代建筑的最后大师"。

　　20世纪80年代初，法国总统密特朗决定扩建巴黎卢浮宫。为此，法国政府广泛征求设计方案。最后在由15位世界知名博物馆长组成的遴选团中，贝聿铭设计的"玻璃金字塔"获得13票的赞成票。其设计独具匠心、别具一格：在四周都是中世纪古迹的拿破仑广场上，建造一幢现代化建筑。不料此事一经公布，在法国引起了轩然大波。人们认为这项大胆的创新会破坏这座具有800年历史的古建筑风格，既毁了卢浮宫又毁了金字塔。

　　但是密特朗总统力排众议，还是采用了贝聿铭的方案，他看中的正是那极具思想的创意：卢浮宫博物馆收藏的都是古埃及至19世纪的艺术珍品，而以玻璃帷幕的现代化金字塔作为卢浮宫的主要入口，就令游客仿佛从古埃及文明开始，一步步进抵现代艺术，浏览整个历史的演变。在阳光下，玻璃映射出四周的中世纪建筑物，当游客绕着玻璃金字塔行走时，玻璃上的景物也随之移动，形成另一种活动的艺术。此外，一个巨大天窗的玻璃穹顶也可让光照入大堂内，使艺术融合于大自然之中。

建造之初 90% 的巴黎人反对建造玻璃金字塔。历史古迹最高委员会认为"这巨大的破玩意儿只是一颗假钻石"。然而，建成后 6 万游客参观并投票，结果奇迹发生了，大部分人转变了原先的态度，对这项设计给予了肯定。

*贝聿铭的创新方法

人们一直小心翼翼地避免把古迹的风韵破坏，而贝聿铭思考着如何让最多的人来欣赏人类最杰出的作品，通过新颖的透明金字塔映射，足以对旧皇宫沉重的存在表示敬意。

让思维"拐个弯儿"，使玻璃金字塔不仅仅增加了展览空间，并多了个现代化入口，更是在古代与现代、自然与文明、科学与艺术的交错中，让人产生丰饶而又深邃的感受，形成一加一大于二的效应！

● 创新习惯养成要诀

你想不想成为一个具有创造能力的人呢？也许你认为创新离你很远。其实，只要你深信"人人都有创造力"并遵循一些科学方法，一定会得到一些意想不到的收获！

（1）敢于质疑

尽信书，则不如无书。 ——《孟子·尽心下》

这句话是孟子在阅读《尚书武成》一篇时的感叹：完全相信《尚书》，那么还不如没有《尚书》。众所周知，《尚书》作为儒家经典之一，在孔孟时代是极具权威性的。而孟子在读《尚书》时并不相信《武成》中的记载，他认为，像周武王这样讲仁道的人，讨伐商纣王时，怎么会使血流成河呢？正是由于有这种质疑精神，孟子才会成为继孔子以后的著名儒学大师。这告诉我们，切勿不假思索地全盘照收，在生活中，要勤于思考，敢于质疑，敢于向权威挑战、向书本挑战。

长期以来，古希腊天文学家托勒密"地心体系"的理论统治着人们的头脑，托勒密认为地球居于中央不动，日、月、行星和恒星都环绕地球运行。后来，哥白尼推翻了托勒密的理论。哥白尼在《天体运行论》中阐明了日心说，告诉我们，太阳是宇宙的中心，地球围绕太阳旋转。而后，布鲁诺接受并发展了哥白尼的日心说，认为宇宙是无限的，太阳系只是无限宇宙中的一个天体系统。伽利略通过望远镜观察天体，发现月球表面凹凸不平，木星有四个卫星，太阳有黑子，银河由无数恒星组成，金星、水星都有盈亏现象等。不久，开普勒经过分析发现行星沿椭圆轨道运行，并提出行星三大运动定律，为牛顿发现万有引力定律打下了基础……

由此可见，科学是不断发现的过程，真理是不断创新的过程。因为现有的一切科学理论都是相对真理，都有待于进一步发展。敢于对权威质疑，你就一脚迈向了创新。

"质疑精神、探索未知的好奇心，是一流学生所必备的素质。"

——陆登庭（哈佛前任校长）

（2）坚持不重复

齐白石，著名画家，曾荣获世界和平奖。然而，面对已经取得的成功，他永不满足，而是不断汲取历代名画家的长处，改变自己作品的风格。

他60岁以后的画，明显地不同于60岁以前。70岁以后，他的画风又变了一次。80岁以后，他的画的风格再度变化。据说，齐白石的一生，曾五易画风。他告诫弟子："学我者生，似我者死"。就是说，在学习别人长处时，不能照搬照抄，而要创造性地运用，不断发展，这样才会赋予艺术以鲜活的生命力。正因为白石老人在成功后仍然马不停蹄，不断创新，所以他晚年的作品比早期的作品更为完美成熟，形成独特的流派与风格。

（3）尝试自己不擅长的事

在父亲节这天，记者问比尔·盖茨：父亲给你的最佳建议是什么？他说：尝试自己不擅长的事情。

尝试自己不擅长的事情，其实就是尝试突破自我，挖掘出自身蕴藏的潜能。而意想不到的成功，往往就来源于此。

（4）始终不满足

沃尔夫冈·泡利（1900～1958），瑞士籍奥地利物理学家，1945年获诺贝尔物理学奖。

关于泡利的故事很多，他以严谨、博学而著称，同时也以尖刻和爱挑剔而闻名。他似乎对世界上的任何事物都不知满足。在科学领域里，由于他的敏锐和审慎挑剔，使他具有一眼就能发现错误的能力。也正是因为如此，他对别人的科学研究向来是非常挑剔。据说，在物理学界曾存在着一种"泡利效应"：当泡利在哪里出现时，那里的人不管做理论推导还是实验操作，一定会出岔子——因为他经常会出其不意地对你"妄加评论"或"指手划脚"。一般情况是，当泡利说"哦，这竟然没什么错"时，这就是一种非常高的赞许了。

据说，在一次国际会议上，泡利见到了爱因斯坦，当爱因斯坦演讲完后，泡利站起来说："我觉得爱因斯坦并不完全是愚蠢的。"还有一次美籍意大利物理学家塞格雷（反质子的发现者，获1959年诺贝尔物理学奖）做完一个报告后，和泡利等人一起离开会议室时，泡利对他说："我从来没有听过像你这么糟糕的报告。"当时塞格雷一言未发。泡利想了一想，又回

过头来对与他们同行的瑞士物理化学家布瑞斯彻说："如果是你做报告的话，情况会更加糟糕。当然，你上次在苏黎世的开幕式报告除外。"

不仅对科学家如此，对自己的学生泡利也很不客气。有一次，一位学生写了一篇论文请泡利看，过了两天学生问泡利的意见，泡利把论文还给他说："连错误都够不上。"

不只是对科学严谨，就连西方人心目中最伟大的上帝，泡利也不随意迁就，更不会去阿谀奉承。一则笑话说，泡利死后去见上帝，上帝把自己对世界的设计方案给他看，泡利看完后耸耸肩说道："你本来可以做得更好些。"

永不满足，不满足于自己，不满足于别人，不满足于现实，不满足于已经取得的成绩，甚至不满足于这个世界，不满足于"上帝"！这，是科学家们推动历史的必备硬件之一；这，也是创新的源泉之一。

（5）让思维"拐个弯儿"

有这样一个故事：一个年轻人立志要成为一名好牧师。为了准备牧师资格考试，他半个月前就在离考场不远的旅店住下来，精心准备自己的演讲稿。他不停地朗诵，不停地揣摩，早也背、晚也背，直到倒背如流。

可是到考试那天，年轻人呆了，前面一个选手的稿子竟然和自己的一模一样。他猛然醒悟，这个人就住在自己的隔壁。

年轻人眼泪快掉下来了，内心满是委屈和不公。但是他慢慢地吸了一口气，很快便镇定地走上台去："要当好一名牧师，最重要的是必须有超强的记忆力，能够用心去倾听。现在，我将为各位重复一遍刚才一位非常优秀的选手的演讲稿。"这位年轻人最终凭借自己别出心裁的演讲，顺利通过了考试。

拐个弯儿，变个样儿，你一定能穿透人生旅途中的不测和黑暗。

拐个弯儿，变个样儿，这就是创新。

（6）不落俗套

牛顿是世界上最伟大的科学家之一，他对科学的巨大贡献是史无

前例的。牛顿的一生有许多伟大的发现：力学三定律、万有引力、光学环、光微粒说、冷却定律以及微积分，然而到了晚年，他开始致力于对神学的研究，他否定哲学的指导作用，虔诚地相信上帝，埋头写以神学为题材的著作。当他遇到难以解释的天体运动时，竟提出了"神的第一推动力"的谬论。他说"上帝统治万物，我们是他的仆人而敬畏他、崇拜他"。他花了十年的时间来研究上帝的存在，结果自然毫无所得。

由此看来，即使是一个伟大的学者，一旦落入陈旧的范畴，就谈不上有丝毫的成就。

【心理小知识】

创造力并不神秘，可以培养

长期以来，许多人对于创造力的理解偏于狭隘，将之视为只有科学家、发明家才拥有的神秘莫测的天赋才能，其实创造随处可见，更是一种随时可以进行的活动！

那怎样算是创新呢？很简单，创新，其实就是"换一种思路思考"。没有蓝本，不是复制现成的东西，就是创造性的活动，这种活动就有助于培养创造力。

心理学家曾实验研究过：选取若干成绩等各方面相同的学生，学完一轮创造课程的学生，其创造力与未接受培养的学生相比显著攀升！创造力不是上天赋予的非凡能力，只要有意识、有计划地练习，是完全可以培养的！同学们，让我们来试一试：给老故事想新的结局，给物品置一个新的用途，玩玩火柴棍游戏等，这些都是培养创造力的日常小活动！

对创新的需求是人类的天性

第一个形容女人像花的人是天才，第二个是庸才，第三个是蠢材。的确，对旧事物的唾弃和对新事物的热忱，对人类而言，像血管中流动的血液一样，与生俱来。人类可以有不同的外貌、性格、嗜好，却无法摆脱一个共同的“恶习”——喜新厌旧。所以，对创新的需求是人类的天性。

大家都知道，有些驾车新手的事故往往是这样造成的，就是在紧急状况下应该踩刹车时，由于慌张而错踩到油门上。这一踩，事与愿违，造成严重的事故。

一个17岁的上海中学生，在听闻此类驾车事故后，不禁思考，怎样才能避免这种事故呢？于是，她设想一个装置能在很短时间内判断出误踩：发生事故时，司机慌乱中急速用很大的力气一脚踩刹车，然而错踩在了油门上，这时油门上的特殊传感器马上可以感应，判断出司机本意是踩刹车，进而自动把油门断掉，将刹车启动。因为，正常情况下，踩油门绝不会突然用这么大的劲儿的。

这个17岁的中学生提出的设想可以实现吗？一切皆有可能！特别令人兴奋的是，这个无意识思考的解决方法，竟然有近60亿元的市场价值含量！

★发明创造的八个小方法★

在日常生活中注意观察，经常问个为什么，看看稍微变换一些想法，事情会有什么样的结果。同学们要学会不断发现问题，不断改进，精益求精。下面就是八个发明创造的小方法。

☆ 加一加。在一件东西上再添加些什么，看看会有什么结果。比如，在凹面镜上加上凸面镜，就成了显微镜。

☆ 减一减。在一件东西上减去些什么，看看会怎么样。比如，机翼在飞行时会增加飞机的阻力，有人就设想，飞机起飞后机翼缩回机身，降落时又自动打开。

☆ 扩一扩。把一样事物放大、扩展，看看结果会怎样。比如，吹

风机本用来吹头发，但在日本，有人用来烘潮湿的被褥，扩展了吹风机的用途，发明了烘干机，并且销路非常好。

☆ 缩一缩。把一件东西压缩、缩小，会怎么样呢。比如，自动折叠雨伞，就是把普通雨伞缩了一缩。

☆ 改一改。想一想这件东西是否存在缺点，是否能改动一下，使它更完美。比如，解放前雨伞都是用油布制成，但过于沉重，不易携带。之后经过多次改进，改成了轻巧便携的尼龙雨伞。

☆ 联一联。把某些东西或事物联系起来，看看能帮助我们什么。比如，木工用的锯子就是参考的锯齿草或螳螂臂。

☆ 学一学。看看有什么事情自己可以学一学，模仿一下。比如，雷达就是模仿了蝙蝠的"听觉功能"研制而成的。

☆ 代一代。观察一下有什么东西可以替代另一样东西。比如，用太阳能代替人工发电。

我们来创造吧

● **坚持创新**

创新能力要靠平时的不断积累，在锻炼中得以提高。凡事贵在坚持，创新习惯的养成，也需要锲而不舍，持之以恒！

树立意识

适者生存，世界发展日新月异，我们也要舍弃固有的观念，独立思考，尝试寻求全新的思维方式，否则难逃被淘汰的命运。因此，同学们平时要注意培养创新的意识。

培养求知欲和创新兴趣

如果一个人对科学知识、创新学习丝毫没有兴趣，易对学习产生畏惧，更难以铸造废寝忘食、披星戴月的顽强精神，创新能力始终得不到培养。而许多科学家最初是因为浓厚的兴趣，从科学研究的本身感受到了无穷的乐趣和快乐，从而逐渐做到不落窠臼、创新无穷。

巴甫洛夫，条件反射学说提出者，为此领取了"诺贝尔奖"的生理学医学奖，也是第一个享受这个荣誉的俄国科学家。正是因为他对自然科学颇感兴趣，一生致力于科学研究，才能说出"感谢科学，它不仅使生活充满了快乐和欢欣，并且给生活以支柱和自尊心"的话。

孔子说："知之者不如好之者，好之者不如乐之者。"可见兴趣的重要性。事实上，只有感兴趣才能自觉地、主动地、竭尽全力去观察它、思考它、探究它，容易产生新的联想，或进行知识的移植，综合出新的成果。强烈的求知欲和兴趣是创新思维的营养。

放松心态

在古希腊，国王让人做了一项纯金的王冠，但他又怀疑工匠在王冠中掺了银子。可这项王冠与当初交给金匠的金子一样重，谁也不知道金匠到底有没有捣鬼。国王把这个难题交给了阿基米德。阿基米德为了解决这个问题冥思苦想，始终没有满意的答案。直到有一天他去洗

澡，当他坐进澡盆，看到水往外溢，同时感觉身体被轻轻地托起时，他恍然大悟，运用浮力原理解决了问题。

在解决问题的过程中，我们经常可以发现"把难题放在一边，放上一段时间，才能得到答案"这一现象。心理学家将其称为"酝酿效应"。

我们常常会对一个难题束手无策，不知从何入手，这时思维就进入了"酝酿阶段"。直到有一天，当我们抛开面前的问题去做其他的事情时，百思不得其解的答案却突然出现在我们面前，令我们忍不住发出类似阿基米德的惊叹。这时，"酝酿效应"就绽开了"思维之花"，结出了"答案之果"。古代诗词说"山重水复疑无路，柳暗花明又一村"正是这一心理的写照。个体消除了前期的心理紧张，忘记了导致僵局的思路，从而具有了创造性的思维状态！

因此，如果你面临一个难题，不妨先把它放在一边，放松心态，或许答案真的会"踏破铁鞋无觅处，得来全不费功夫"。

● 计划创新习惯

下面我们一起来制订一个"良好的创新习惯养成计划"，分两大环节五个方面制订这个计划。

进行创新活动

☆ 了解创新方法。

☆ 什么时候创新？

☆ 如何创新？

☆ 什么时候进行下一个创新活动？

创新计划监控

☆ 什么时候检查创新计划执行情况？

对照本章前面的内容，你可以自己制订创新习惯养成计划，当然你也可以通过与老师、同学伙伴或者爸爸妈妈讨论后制订你的计划。

你养成创新习惯了吗？

1. 你是否制订了创新习惯养成计划？　　　A. 是　　　　B. 否

2. 你是否按计划在进行创新？　　　　　　A. 是　　　　B. 否

分析：

如果你的回答中有"否"的话，说明你的创新习惯还没有完全养成，需要继续培养哦！如果你的回答都是"是"，那么，恭喜你，你已初步具备了创新的好习惯，继续坚持！在创新中感受快乐吧！

创造力是世界上最宝贵的能力，是巩固知识，让知识升华的重要能力。创新是一个民族进步的灵魂，是一个国家兴旺发达的不竭动力。让我们把创新运用于生活的每个细节，把学习效率调整到最佳状态！

破茧而出灵光现

—— 第7个必备习惯：记下灵感

推动科学前进的是个人的灵感。

—— 霍金

灵感全然不是漂亮地挥着手，而是如犍牛般竭尽全力工作的心理状态。

—— 柴可夫斯基

灵感，是由于顽强的劳动而获得的奖赏。

—— 列宾

灵感的确存在，只是它必须知道我们在工作。

—— 毕加索

当我们为某个问题搜肠刮肚、苦思冥想时，突然之间，脑子里灵光一闪，思路一下子豁然开朗、流畅起来，这就是灵感的突然降临。在创造性活动中，捕捉灵感，往往是成功的先兆，是开启成功大门的金钥匙，同时，在灵感火花迸发的一瞬间，也会为我们带来无穷的喜悦快乐！同学们，让我们从现在起了解灵感、创造灵感吧！让美妙的灵感成为我们生活的一部分！

不期而至的灵感

● 成功阶梯

郑板桥习字

我国清代著名书画家、书法家、文学家郑板桥，为"扬州八怪"之一，其诗、书、画独树一帜，被称为"三绝"，代表画作为《兰竹图》。在郑板桥未成名时，成天琢磨前辈书法大家的体势，总想习得前辈的气韵风度。一天晚上睡觉，他用手指先在自己身上练字，朦胧之中手指写到妻子身上，妻子被惊醒，生气地说："我有我体，你有你体，你为何写我体。"他从妻子的话中马上闪现灵感，并得到启示：应该写自己的一体，不能一味学人。在这个思想作用下，他刻苦用功，朝夕揣摩，终于成为自成一家的书法名家。

"糖衣"的发明

给孩子喂药是件痛苦的事情，虽然"良药苦口"，可是大多不懂事的孩子一尝到苦涩的药味，就会把药吐出来。很多父母都会因孩子不愿吃药而苦恼，但仅仅是苦恼而已。然而，有一位父亲因为孩子不愿吃药却想到了发明一种添加剂：一种可以掩盖苦味的调味剂。他就是美国商人肯尼·克拉姆。

1992年，克拉姆的妻子给他生了一个小女儿哈德莉。但是一个早产的婴儿，出现了脑部瘫痪、间歇性肌肉痉挛发作的症状，每天必须服四次药水。如果药量吃得不够，她的病就会持续发作。每天给哈德莉喂药时，她不是哭喊就是呕吐把药喷出来。克拉姆回忆道："那段日子，我们基本上每周都在急诊室度过。"为了安慰病痛的小女儿，每次喂完药，他都尽量抱着她玩耍，并且给她吃糖和水果泥。他发现，女儿虽然还在为刚才吃到嘴里的苦药而哭泣，但一看到香蕉，含泪的小眼睛却泛起了光芒。克拉姆辛酸地想，要是苯巴比妥药水的味道也像香蕉这么吸引孩子就好了。这个想法一冒出来，克拉姆兴奋极了，他认为这个想法完全可行。于是他回到父母开的药店里，开始尝试着调试不冲淡药量、不影响药效的无害添加剂。经过无数次尝试，终于，一种香蕉口味的调味剂研制出来了。给孩子喂药的经历最终促使克拉姆创办了福雷沃克斯公司。

克拉姆的成功完全来自一个突如其来的灵感。在我们平凡的生活中，任何一个不经意，都可能激发有心人的灵感，都可能创造一个奇迹。肯尼·克拉姆就做了这样一件事：他用一勺香蕉调味剂让苦涩的药变得美味，也让许许多多的父母和孩子远离了烦恼。

捆绑式火箭的问世

前苏联火箭专家库佐寥夫曾为解决火箭上天的推力问题而苦恼万分，食不甘味。妻问其故，说："此有何难呢，像吃面包一样，一个不够再加一个，还不够，继续增加。"他一听，茅塞顿开，采用三节火箭捆绑在一起进行接力的办法，终于解决了火箭上天的推力难题。

正是因为这些不期而至的灵感，催生了许许多多天才的发明与创造；也正是因为灵感，成就了一个个原本普普通通的人。

● **习惯魅力**

卢米埃尔兄弟与缝纫机

1895 年 2 月 28 日，这天被定为"世界电影日"。因为在这一天，法国的卢米埃尔兄弟发明了一部理想的电影摄影机及放映机：一个大白布幕上，放映出平顺而画面清晰的影片。那天，在巴黎卡普辛路 14

号大咖啡馆的地下室里的第一次的公开售票放映，引起了全球的轰动。卢米埃尔兄弟也被称为"现代电影之父"。而在他们之前，已有不少类似的发明，但都不甚理想。因为胶卷必须一动一停地通过卡门，否则荧幕上的画面就会模糊不清，它难倒了当时所有的发明家，连爱迪生都一筹莫展。卢米埃尔兄弟在研发过程中也曾烦恼。最后让他们产生灵感的却是裁缝师和缝纫机。有一天，卢米埃尔看到裁缝师的脚间歇性运动，牵引上面的布料，得到启发，便联想到影片的间歇运动也可以这样解决，从而发明了电影放映机的抓片机构，解决了电影胶片如何间歇地通过放映机片门的问题。

衬衣上的音符——《蓝色多瑙河》

约翰·施特劳斯，奥地利轻音乐作曲家，他一生创作了120余首维也纳圆舞曲，被誉为"圆舞曲之王"。其中《蓝色多瑙河》流传最广，影响最大，而创作《蓝色多瑙河》的过程也颇为有趣。

一次，施特劳斯在多瑙河岸边行走时，忽然一段音乐灵感袭来，使他似有神助，但由于一时找不到现成的纸，又怕灵感从头脑中跑掉，他便在白衬衫上画出五条横线，然后记下了旋律。施特劳斯完成了整首乐曲，回到家里，感到异常疲倦，脱掉衣服倒在床上睡着了。妻子发现了衬衫袖子上的曲谱，她低声哼着这支曲子，感到它异常美妙。她知道这是丈夫费尽心血写出的作品，便小心地把这件衬衣放到一边，然后出去了。几分钟后，她回到房间，意外地发现那件写有曲谱的衬衫不见了。而此刻丈夫睡得正香，不可能是他把衬衫收起来了。她把整个房间翻了个遍，仍然没找到那件衬衫。难道它插翅飞走了？妻子急得要哭了，她急忙向邻居打听，一位邻居说："我还以为丢了什么贵重东西呢！刚才洗衣女来过，那衬衫可能被她当脏衣服抱走了。"

妻子立刻像一阵风似的跑到洗衣工家里，正巧看见洗衣女要把她丈夫那件衬衫丢入盛满肥皂水的桶里。她大喊一声："别扔！"并一把抢过了衬衫，因此保住了世界名曲《蓝色多瑙河》。

　　古往今来，许多做出创造性成就的人们，都有随手记下突然而至、一闪而过的灵感的习惯！灵感往往会在不经意间闯进我们的脑海，养成"记下灵感的习惯"，你会发现灵感的美妙！

【心理小测验】

你有记下灵感的习惯吗？

下面哪种说法符合你的实际情况呢？

A. 我从没有灵感闪现的时刻

B. 灵感闪现时，我没有记录下来

C. 有时我能记录下灵感

D. 我随身携带记录工具，每次灵感触发时，都能及时捕捉

分析：

　　如果你的回答是 A，说明你还没有灵感闪现的时刻，不过千万不要灰心，请跟随文章阅读下一节内容，学习灵感产生的要诀，尝试去"创造"灵感吧！

　　如果你的回答是 B，说明你曾有过灵感触发的美妙经历，可是灵感"来无影，去无踪"，下次一定要迅速把它记录下来！否则它将杳然而去，即使苦苦追索，也会面目全非，甚至永远消失。

　　如果你的回答是 C 或 D，恭喜你，说明你已经初具记下灵感的好习惯。当然，如果你能参考下一节的内容去捕捉灵感，并坚持下来，那么源源不断的灵感可能涌入你的生活，成功和快乐也会离你更近！

心理学认为，灵感是以创造者对解决问题方法的长期探索为前提的，它是人们从事艰巨的创造性劳动的结果，就像电压加到一定程度，出现尖端放电那样！灵感是这样的：

灵感需要我们辛勤工作。 柴可夫斯基说得好，灵感是这样一位客人，他不爱拜访懒惰者。

灵感是突发式的、飞跃式的。 灵感常常是出现在出其不意的刹那间——散步、洗澡、闲谈、翌晨醒来，甚至在睡梦中闪现。可能由于听到一句话，碰到一件事，看到一篇文章，或受到一个刺激而在一瞬间得到启示，使人难以预料。

灵感能带来巨大愉悦、鼓舞。 灵感突然解决了亟待解决的问题，能给创造者带来无法形容的喜悦，伴随着情绪亢奋状态。

灵感是在良好的精神状态下发生的。 在体力和脑力极度疲劳、心情烦恼沮丧时往往无益于灵感火花碰撞。精神疲劳消除之后，灵感像春风吹绿原野般闯入，"众里寻她千百度，蓦然回首，那人却在灯火阑珊处"，从而获得顿悟。据研究，灵感最容易在紧张工作一段时间后，转换注意力、悠游闲适时发生。同时，心理学实验也证明，一定程度的压力和紧张也有利于灵感发生！

在灵感状态下，创造想象极为活跃。 灵感来临之时，思维形象鲜明而生动，创新能力极为敏锐，容易产生新的联想和独到的见解。

捕捉灵感要诀

● **他山之石**

著名教育家李镇西说："我读书总是伴随着思考，而思考总是让我情不自禁地把自己的思维火花记录下来。"于是，一篇又一篇的读书随笔发表出来了：《沐浴余秋雨》《惋惜王蒙——读〈世纪之交的冲撞〉》《给中学生推荐〈孟子〉》《也在钱钟书边上写几句——读〈写在钱钟书边上〉》《若为自由故——〈陈寅恪的最后 20 年〉》《给思想以个性的天空——读〈殉道者〉》《用生命写诗——读〈黑牢诗篇〉》《不能忘却的纪念——读〈风雨中的雕像〉》等。

*李镇西的捕捉灵感习惯

灵感是一种玄妙的思维形式，犹如电光石火，稍纵即逝。苏轼曾用"作诗火速追亡通，情景一去永难摹"来形容灵感的"来无影，去无踪"。勤奋独立的阅读和思考，使李镇西的灵感源源不断地产生。这也正如王国维先生所说的"衣带渐宽终不悔，为伊消得人憔悴"的苦思结果。

捕获灵感习惯养成要诀

"有一点是肯定的，人不求灵感，灵感也不会来。"

——钱学森

（1）想出更多点子

北宋王安石在第一次变法受挫，罢官返乡后的第二年，皇帝又启用他，召他入京。重燃希望的他搭船北上，在瓜州过夜，写下《泊船瓜州》："京口瓜州一水间，钟山只隔数重山，春风又绿江南岸，明月何时照我还？"诗中的"春风又绿江南岸"已成为千古名句，而将'绿'字做动词用是真正的画龙点睛之笔。

但这个绝妙的诗句并非一开始就出现的，王安石最早写的是"春

风又到江南岸"，他不大满意，苦思冥想了一夜，想尽各种描述手法，包括"春风又过江南岸""春风又入江南岸""春风又满江南岸"等等，直到第二天清晨，他走到船头，看到岸边青翠的草地，突发感慨"春风又绿江南岸"！豁然开朗后，他认为这是最好的描写。

你要先多想出一些点子，才能从中有所比较，有时甚至能像王安石一般激发灵感，有所创新！因此，同学们要多推敲，多琢磨，多出点子，多想门径，在比较权衡中优胜劣汰，爆发创新求异的新火花！

"要有好点子的最佳方法就是，有一大堆点子。"

——鲍林（诺贝尔化学奖得主）

（2）向外索求，活用经验

生活是一部活教材，是产生灵感的源头活水之一。最常见的灵感是我们记忆中的经验，通过广泛阅读和亲身实践，调动了当前学习的内容，进而迸发出思维的火花。

达尔文曾在他的自传里谈到："1838年10月，就是在我开始进行自己有系统的问题调查以后15个月，我为了消遣，偶尔翻阅了马尔萨斯的《人口论》一书。当时我根据长期对动物和植物的生活方式的观察，就已经胸有成竹，能够去正确估计这种随时随地都在发生的生存斗争的意义，马上在我头脑中出现一个想法，就是：在这些自然环境条件下，有利的变异应该有被保存的趋势，而无利的变异则应该有被消灭的趋势。这样的结果，应该会引起新种的形成。最后，我终于获得了一个用来指导工作的理论。"

从这一段话我们可以清楚地看出，搭乘环球之旅，虽然使达尔文获得形成进化论的材料，但产生进化论核心思想的"物竞天择，适者生存"的灵感，却是阅读马尔萨斯的《人口论》后得出的。阅读不仅是一种消遣，更是一种刺激，它可以说是让人们获得灵感最常见、最方便的途径。

大量事实表明，当思维活动达到高潮，问题仍百思不得其解时，外界诱发因素就显得尤为宝贵，它直接关系到成败。同学们应有意识增广见闻，除了广泛阅读外，还应投入生活、积极实践、关心周围的一切！一个人平时积累的知识经验越多，灵感出现的机会也就越多。

（3）我记我所思

捕捉灵感最简捷的方法，就是养成随身携带纸笔的习惯，先用笔把它凝固在纸上，然后趁热打铁，充分发挥想象力。好记性不如烂笔头。现代科技发达，小录音机、手机照相机等都是小巧便捷的利用工具。由于灵感突然而来，常常瞬息即逝，一旦灵感涌现，就可随时记下，方能捕获不忘。许多科学家、发明家、文学艺术家都有随身携带记录工具的好习惯。

英国文学史上著名女作家艾米莉·勃朗特在年轻的时候，除了写作小说，还要承担全家繁重的家务劳动。她在厨房劳动的时候，每次都随身携带铅笔和纸张，一有空隙，就立刻把脑子里涌现出来的思想写下去，然后再继续做饭。

爱迪生经常携带笔记本，随时记录自己的新鲜想法，不管这种想法初看起来多么微不足道。

"把纸墨放在手边，便于捕捉这些倏忽即逝的思想，以免被淡忘。"

——坎农（美国生理学家）

"灵感像一只顺水飘来的小船，当它来到你身边时，你要赶快跳上去，抓住这可贵的瞬间，不然它将顺水飘去，你再也抓不到它了。"

——石鲁（著名画家）

（4）学会建档库存

乍现的灵光稍纵即逝，如果能实时记录下来，又花点时间加以分类存盘，积少成多，遇到瓶颈时拿出这些"库存灵感"温习一番，往往会找到意想不到的连接点！

"诗鬼"李贺，想象丰富，构思奇特。不同于一般在书房构思的人，他总是骑着一匹驴，背着锦囊穿街过巷，早出晚归。沿途有感，触景生情时得出的佳词妙句便立刻记在纸条上，投入锦囊之中，待黄昏回家后，再翻出整理，连缀成篇。尽管李贺只活了27岁，但这位奇才却用这种方法留下了许多脍炙人口的诗篇。

小说家陀思妥耶夫斯基在谈到经验时说："在灵感出现的时候，我会立刻拿笔记下来，然后再花几个月甚至几年的时间加以修饰，将这些灵感重新的排列组合。这是我喜爱的工作，所以灵感是我创作的泉源。"

（5）勤于观察思考

"悟处皆出于思，不思无由得悟。"

——陆世仪（清）

这句话告诉我们，灵感的产生主要是观察后的勤奋思考。用探求事物本源的慧眼和独立思考的方式审视世界，从而激发灵感。

一沟臭水，千千万万人路过，有人掩鼻而逃，有人抱怨几句，而闻一多却因观察到这一沟臭水触发了自己的感想，才创作了讽刺现实社会的诗作《死水》。

华罗庚也曾说："科学的灵感，决不是坐等可以等来的。如果说，科学上的发现有什么偶然的机遇的话，那么这种偶然的机遇只能给那些学有素养的人，给那些善于独立思考的人。"

（6）强烈需求

一百多年前，有一位年轻的医生，面临着让他困窘的难题。他被召去诊疗一位出身名门贵族的少女，病人正为心脏病所苦。当时的医师要检查病人的心脏，除了用手指敲诊听其回音外，就只能用耳朵直接贴在病人的胸前进行听诊。但这名少女的体型肥胖，敲诊根本无济于事，而要将耳朵直接贴在胸前听个清楚，不仅显得唐突，更让他感到窘迫。其实，他过去一直就为此感到很尴尬。就在一直苦思有什么更好方法时，他外出散步，看到两个小孩拿着管子玩耍，一个用嘴对着管子的

一端说话，另一个则耳朵附在管子的另一端听，声音因此变得很大，他当下受到启发，立刻叫辆马车直奔医院，将一个笔记本卷成软筒状，紧贴在那位少女丰满的左乳下，于是他听到了清晰的心跳声！困扰他多时的诊断问题和心理尴尬迎刃而解。这名医师名叫雷耐克，他后来改用木质的圆筒来进行听诊，而它就是现在每个医生都必备的听诊器的前身。

当需要变得十分强烈、非常迫切时，它就会推着你走向创新之路。"需要为创新与发明之母"，想要有所创新与发明，你最需要的也许是强烈的需求！

（7）放一个"意识假期"

很多人都在心情放轻松，不刻意去想什么的"意识假期"中获得灵感。这种"不刻意"正好能放松意识的控制，而让原先被压抑的或不熟悉的念头顺利冒出来。

哈利波特的作者罗琳，在 1991 年某个周末结束的夜晚，从曼彻斯特搭乘火车回伦敦，路上异常拥挤。某个想法突然从她脑中浮现：一个男孩子起先并不知道自己拥有魔法，但却一步步地发现自己的神奇力量……在四个小时的漫长车程里，她的脑中装满了关于这个男孩子的各种奇想。罗琳从六岁就开始写东西，以前虽然也有过不少突发的灵感，但没有一次像这次这般强烈而让她兴奋。回到住处后她立刻拿起笔来写下哈利波特一：《神秘的魔法石》。在那列疾驰的火车上，哈利波特的最初灵感如魔法一般降临到罗琳的身上。

产生灵感的时候，往往是在所谓的"意识假期"，这也是爱因斯坦会问"为什么我最好的灵感总是在早晨刮胡子时出现"的原因。而宋代的文学家欧阳修也曾总结"余平生所作文章，多在三上，乃马上、枕上、厕上也"，大意是：我平时写作的文章，多是在骑马、睡觉、上厕所时完成的。

给自己一个"意识假期"，说不定你就能在车上、在山上、在海边遇见你的哈利波特！

【心理小知识】

科学心理学认为，下列条件将有助于灵感的产生。

（1）进行长期的预备性劳动

灵感具有突发性，但在突发前有一个积累、孕育的过程，它的产生必须以大量的知识经验为基础和前提。

偶然因素能触发灵感，但同学们并不能由此而认为"灵感就是运气"，可以不经过艰苦的劳动而凭空产生。机遇之所以能触发灵感，是因为偶然事件与创造者孜孜以求的答案有某种类似或关联之处，从而引起新的联想，打开一条新的思路，使问题得到解决。倘若一个人对那个问题毫无研究，偶然因素即使碰到他的鼻子尖也决不会触发他的灵感！

德国著名科学家黑姆霍兹在心理学、生理学、物理学等几个科学领域都有着重要发现和发明。他在庆祝自己70岁诞辰的宴会上，报告他对创造性工作的灵感问题时说："就我经验的范围内说，始终必须把问题在一切方面翻来覆去地考虑过，弄到我'在头脑里'掌握了这个问题的一切角度和复杂方面，能够不用写出来而自如地从头想到尾。"通常，没有长久的预备劳动而要达到这一地步是不可能的。

（2）把全部的注意力集中在问题上

要创新需要一定的灵感，这灵感不是天生的，而是来自长期的积累与全身心的投入，我们要做到全神贯注，甚至对问题达到沉迷的程度。牛顿把怀表当做鸡蛋放在锅里煮，爱因斯坦创立相对论是"经过了10年的沉思"。

（3）摆脱习惯思维的束缚

心理学研究表明：灵感的产生与潜意识有关，习惯单一角度思考

问题往往抑制了潜意识的活动，阻碍了灵感的产生。长期地用一个思路去研究问题，易使思路闭塞、思想僵化。我们可以尝试以下方法突破惯性思维。

有意识转换角度。促使思维向多层次、多方位发散，将大量被抑制于潜意识的信息重新组合使之进入意识，百思不解的问题就会获得顿悟，从而产生灵感。

暂时把问题搁置一边，对摆脱惯性思维程序的束缚也很有益处。把问题暂时放一放，过几天后或数周后，那时旧的联想、旧的思路可能有所遗忘或可能产生新的思路。不少人都有这样的体会：写好的文章暂时放在一边，隔几个星期再拿来，便会发现一些需要改的问题。

参加问题讨论、争辩，特别是听取和分析不同意见，也有助于打破习惯性思维程序的束缚。

（4）充分利用原型启发

通过原型，即与最终创造的东西有相似之处的事物，启发联想，找到解决问题的新方案。

莱特兄弟从飞鸟和一架有螺旋桨的玩具中得到启发，制造出世界上第一架飞机；在木梳的启发下插秧机得以发明；我国古代著名工程师鲁班，从"丝茅草割破手"这一现象中获得启发而发明了锯子；科研人员从科幻作家儒勒·凡尔纳描绘的"机器岛"原型中得到启示，产生了研制潜水艇的设想，并获得成功。

（5）保持乐观而镇定的心情

心胸开阔，愉快宁静的精神状态，会召唤灵感到来。经验表明，灵感往往在经过长期积累之后，在比较放松的状态下产生，或在临睡前，或在散步时，或上下班走路或骑车时，或穿衣服、刮须、洗澡时，或从事轻快活动时，或在花园里赏花搞园艺时，或在打高尔夫球、听音乐、钓鱼时，或在幻想中。

许多科学家都喜欢音乐，有些人甚至还是音乐迷。爱因斯坦擅长拉小提琴，而且技艺不凡；富兰克林喜欢洋琴；钱学森说过："我的灵感，

许多都是从艺术中悟来的"。

（6）"日有所思，夜有所梦"

梦中产生灵感。一夜酣睡之后的早上，是不少科学家和艺术家灵感光临的大好时光。经调查，有77%的科学家和发明家在梦中得到过启示，解决了一些白天未能解决的难题，爱迪生也说自己"老是在做发明之梦"。苏格兰诗人和小说家司各脱说："我的一生证明，睡醒和起床之间半小时非常有助于发挥我创造性的任何工作。期待的想法，总是在我一睁眼的时候大量涌现。"

当然，梦中的灵感，需要经过醒后的修饰补充才能完善、定型！

坚持换得灵感来

● 坚持成习惯

"得之在俄顷，积之在平日。"

——袁守定（清）

"任何倏忽的灵感事实上不能代替长期的功夫。"

——罗丹

举世闻名的美国大发明家爱迪生说："天才是 1% 的灵感加上 99% 的汗水。但那 1% 的灵感是最重要的，甚至比那 99% 的汗水都要重要"。随时拿笔记下自己所思所感，日积月累，定会收获颇丰。灵感虽然行踪难觅，但并不是可遇而不可求。只要增加"遇"的可能性，灵感的机会就会跟着水涨船高。

前苏联教育家马卡连柯，曾有过这样的经历：用 13 年的工夫，广泛收集了大量写作材料，却难以下笔。高尔基作客时的一席话，使他茅塞顿开，形成新颖的构思，于是他迫不及待，马上动笔，一部传世名著《教育诗》便出现了。

达·芬奇的笔记多达 13000 多页（现在找到的有 6000～7000 页），他生前留下大批未经整理的用左手反写的手稿，难于解读。到 17 世纪中叶，才有学者整理小部分达·芬奇手稿。其中记录他对尘世万物的各种观察、思考和实验，内容从物理、数学到生物解剖，而且图文并茂，每页密密麻麻，包罗万象，被称为一部 15 世纪科学技术的真正百科全书。

同学们，名人是怎样成名的？就是因为他们能够坚持好习惯，不畏劳苦地学习和积累，孜孜不倦地思考和探求。如果你也那样做，说不定，不久，灵感就会叩响你的心扉，成功就会属于你！

● 养成记下灵感的习惯

下面我们一起来制订一个"良好的记下灵感习惯养成计划"，我们分两大环节五个方面制订这个计划。

● 记下灵感

　　☆ 了解记下灵感的诀窍。

　　☆ 如何激发灵感？

　　☆ 携带哪种记录工具？

　　☆ 什么时候记下灵感？

● 记下灵感习惯监控

　　☆ 什么时候检查计划执行情况？

对照本章前面的内容，你可以自己制订记下灵感习惯养成计划，然你也可以通过与老师、同学伙伴或者爸爸妈妈讨论后制订你的计划。

【心理小测验】

你养成记下灵感习惯了吗？

1. 你是否制订了记下灵感习惯养成计划？　　　A. 是　　　B. 否

2. 你是否按计划在记下灵感？　　　A. 是　　　B. 否

分析：

如果你的回答中有"否"的话，说明你的记下灵感习惯还没有完全养成，需要继续培养哦！如果你的回答都是"是"，那么，恭喜你，你已经养成了记下灵感的好习惯！在灵感触发中感受快乐吧！

灵感虽是创造活动中一种不可忽视的有积极意义的思维形式，但是，追求灵感并不是我们的最终目的，重要的是借助灵感状态下出现的种种有利条件，及时捕捉创造的火花，穷追不舍，直至结出丰硕的创造发明之果！所以，同学们，我们不能仅仅满足于获得灵感时愉快兴奋的精神享受，而要及时抓住这一契机，一鼓作气，到达胜利的彼岸！

吾将上下而求索

——第8个必备习惯：探究

人生在勤，不索何获。

——张衡

探索真理比占有真理更为可贵。

——爱因斯坦

人的天职在勇于探索真理。

——哥白尼

真理的大海，让未发现的一切事物躺卧在我的眼前，任我去探寻。

——牛顿

　　世界如同一个巨大的问号，人生也是充满无限未知。前方是什么？等待我们的将是什么？这每一个问题都等待我们去探索，去揭开谜底。不论探索的结果是什么，探索之旅都会触动你的心弦，开启你的智慧！

探究的力量

● 成功阶梯

青霉素的发现

第二次世界大战期间，人类有三项重大发明——原子弹、尼龙以及青霉素。而青霉素的发明者，正是英国的著名细菌学家弗莱明。

1928年，弗莱明像往常一样，在实验室里检查培养的各种菌种。在显微镜下他观察到，培养皿中的葡萄球菌生了大团霉，霉团周围的葡萄球菌纷纷死亡。这个发现深深吸引了他，之后他设法培养这种霉菌进行多次试验，证明它可以在几小时内将葡萄球菌全部杀死。最终弗莱明发明了葡萄球菌的克星——青霉素。

以前许多科学家都曾见过这种现象，但都将之视为无意义的灰尘污染。而弗莱明没有放过它，对其中的因由穷究到底，于是便有了"青霉素"这一划时代的抗菌素。弗莱明紧追不舍的探索精神，不仅为他捧得诺贝尔奖，赢得无数称誉，更重要的是挽救了千千万万人的生命。

甩掉中国"贫油"帽子的地质学之子

李四光，我国地质力学的创始人，是中国卓越的现代地质学家。他驱散了"中国贫油"的迷雾，让新中国摆脱了"九成石油需要进口"的困境，找到了中国的第四纪冰川遗址，发现了铀矿，是鲜为人知的"两弹"元勋。他毕生致力于地震地质研究，曾多次作出准确惊人的预测，为我国地震地质研究作出了巨大贡献。

1915年，美国美孚石油公司的一个钻井队在陕西地带连打了7口井，花去了300多万美金，最终因收获不大撤走了。1922年，美国斯坦福大学教授来到中国进行地质调查，写下了《中国和西伯利亚的石油资源》一文，下了"中国贫油"的结论。从此以后，"中国贫油论"就流传开来。但是，李四光根据自己的研究，在1928年明确提出了不同看法："美国美孚石油公司的失败，并不证明中国没有油可采"。1956年，他亲自组织石油普查勘探队伍，在松辽平原、华北平原开展了大规模的普查工作。经过几年艰苦探究，李四光率领的队伍相继发现了大庆油田、胜利油田、大港油田、华北油田等，为中国石油工业建立了不朽的功勋。在国家建设急需能源的时候，滚滚石油冒了出来。中国也因此摘掉了"贫油"的帽子。

第一次环球航行

在世界航海探险史上，人们不会忘记意大利伟大的航海家哥伦布。然而，尽管哥伦布相信地球是圆的，相信横渡大西洋一直向西航行可抵达东方，遗憾的是，他最终并没有实现环球航行的梦想。真正实现环球航行梦想的，是另一位名彪青史的葡萄牙航海家 —— 斐迪南·麦哲伦。

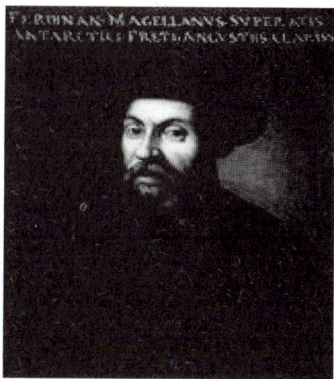

麦哲伦出生于葡萄牙的一个骑士之家，从青少年时代起，他就被著名航海家的探险故事所吸引。长大后，有志于航海探险的麦哲伦在自己的国家中得不到国王的信任，反而遭到无端的诬告陷害。失望和悲愤之际，他转而寻求葡萄牙的敌国 —— 西班牙国王的帮助。令人不可思议的是，他居然幸运地赢得了西班牙国王的支持。

1519年8月，在西班牙的塞维利亚码头，一支由5艘大船、265名水手组成的西班牙船队扯起风帆，破浪远航了。在麦哲伦的鼓舞下，船队一步一步地绕过了南美洲，经历了千辛万苦之后，突然看见了一片广阔的大海，他们终于闯出了海峡，找到了从大西洋通向太平洋的航道！麦哲伦和船员们激动得热泪盈眶。哥伦布没有实现的梦想，他们实现了！这个海峡后来就被称作"麦哲伦海峡"。此后，麦哲伦的船队在太平洋上继续航行了3个月，水尽粮绝，他们只得靠饮污水、吃木屑，甚至在船上食老鼠为生，许多水手因此得了坏血病在途中死去。1521年，麦哲伦抵达菲律宾群岛，在岛上与当地居民发生了冲突。麦哲伦在这场冲突中被杀死，剩下的船员继续航行，横渡太平洋。终于在麦哲伦死去的第二年，这支历时3年的只剩18个人的远航队回到了西班牙！这次由麦哲伦率领的环球航行，第一次用铁一般的事实向世人证明了一个真理：地球是圆的。

● 习惯魅力

敢于捕捉雷电的人

本杰明·富兰克林是美国杰出的政治家、外交家，美国独立战争的伟大领袖，参与起草《独立宣言》，同时他也是一位伟大的科学家。

18世纪前，权威科学家声称"雷电是一种天上的毒气云爆炸的结果"，而人们普遍相信雷电是上帝发怒的说法。但富兰克林对此感到怀疑，决心探究电闪雷鸣的秘密，为此他冒着生命危险开始了"捕捉雷电"的实验。1752年6月的一天，在电闪雷鸣的暴风雨中，富兰克林带领着儿子威廉放起风筝。在一道闪电从风筝上掠过的刹那，富兰克林用手靠近风筝上的铁丝，瞬间掠过的麻木感，令富兰克林抑制不住内心的激动，大声呼喊："威廉，我被电击了！"并迅速将风筝线上的电引入瓶中。在进行了各种探究雷电的实验后，他证明了天空雷电与地面物体摩擦产生的电属于相同的物理现象，破除了雷电的迷信。

"费城风筝实验"的成功使富兰克林在全世界科学界名声大振。然而，在荣誉和胜利面前，富兰克林没有停止对电学的进一步研究。1753年，俄国电学家利赫曼为了验证富兰克林的实验，不幸被雷电击中身亡。血的代价，使许多人停止了雷电试验。但富兰克林在死亡的威胁面前没有退缩，经过多次试验，他制成了一根实用的避雷针。直到今天避雷针仍基本保持了他当年的设计。

火刑下的真理

布鲁诺的一生是与旧观念决裂，同反动宗教势力搏斗，百折不挠地探索真理的一生。一次偶然机会布鲁诺阅读了哥白尼的《天体运行论》，他便对天文学产生了浓烈的兴趣。他用讲演、授课、著书等不同形式充满激情地宣传"日心说"，宣扬新思想，因此招致了宗教神学的不满。为了躲避迫害，28岁的布鲁诺不得不开始漫长的漂泊，足迹遍及大半欧洲，流亡岁月中，他没有停下脚步，做了许多重要的理论概括、补充纠正和发展，提出了关于宇宙的新理论。1592年布鲁诺被骗回意大利并遭逮捕，在囚室8年中他英勇不屈，最终被宗教裁判所活活烧死在罗马鲜花广场。临刑时布鲁诺高呼："火不能征服我，未来的世纪将会知道我的价值。"

布鲁诺曾在《论英雄热情》中评价那些热情满怀，点燃理性之光，进行探究活动的人们："他们虽死在一时，却活在千古！"其实，这也是对他本人最好的评价。布鲁诺的理论，不但是天文学上的一次伟大革命，推动了天文学的飞速发展，而且引起了人类宇宙观的重大革新，沉重打击了封建神权的统治，促使自然科学从神学中解放出来。

探究真相让富兰克林不怕他人嘲笑，冒着生命危险。日心学说最虔诚的宣传者布鲁诺，为了探究真相逃亡多年，遭受 8 年牢狱折磨，最终为此付出了生命。正是他们的探究精神唤醒沉睡在未知领域的真理！

【心理小测验】

你有探究事物的习惯吗？

请按照你的实际情况，在题后的括号内选择"是"或"否"，并在相应处划"√"。

	是	否
1. 有人说我是"十万个为什么"，我总有很多疑问。	（ ）	（ ）
2. 上课的时候，我总是很认真，遇到有疑问的地方，会设法解决。	（ ）	（ ）
3. 老师布置的作业，我会自己独立完成。	（ ）	（ ）
4. 我对好奇的事物，常常要追根问底。	（ ）	（ ）
5. 我想弄清楚很多事物的源由，并会想方设法，一探究竟。	（ ）	（ ）

评分：每一题选"是"记 1 分，选"否"记 0 分，把五个小题的得分加起来就是总分。

分析：

如果你的总分在 3 分以上，说明你具有探究事物的好习惯。你会对很多事情产生好奇，并且能够想方设法解答疑惑。但是不要骄傲哦，希望你再接再厉，保持这一习惯，让探索伴随你的未来，成为你生活的一部分！

如果你的总分是 3 分，说明你属于普遍水平，你能够对好奇的事物进行探究，可能你好奇的范围有限，或者对于好奇的事物，你还暂时不会去设法弄个清楚。其实奇妙的事物就在你身边，等待你去发现、去一探究竟。聪明的你，可不要错过机会！

如果你的总分在 3 分以下，说明你目前是一个没有探究习惯的人。但是，不要气馁，你有很大的提升空间，参照下一节（探究习惯养成诀窍），并尽量改进，相信通过这些方法，你也可以养成探究事物的好习惯！你可以在日常的学习中不断地培养自己探究事物的习惯，如，看到一个现象或事情，先想想"为什么"；遇到好奇的事情，不要懒惰，可以去查查书本，问问父母、老师、同学，或自己亲自动手实践；多参加各种活动，积极感受，找到自己的兴趣所在。

【心理小知识】

心理学家告诉我们，进行探索学习对我们确实有许多的益处。

探究让我们生成知识。在探究中，我们为了找到真理，或积极观察、或实验、或阅读……无论探究结果如何，在这个过程中我们总能学到更多的知识。因此，探究让我们增加个人知识的沉淀，并生成科学知识。

探究促使我们更幸福。通过思考问题、提出解决方案、动手实践、改进解决方法……直至问题最终解决。在这个过程中，我们能获得自信和幸福。爱探究的人能感受更多快乐，因为，探究往往对我们有益无害。探究成功，能令我们获得难以言表的满足、兴奋；探究失败，也同样可以激发我们的好奇心、斗志去再次攻克它，自尊感大大提升！探究是这样美好的事情，我们何乐不为呢？

探究可活跃我们的发散性和创造性思维。探究的情境、探究中的意外现象，都会引起我们对原因进行分析、反复查证，使思维的发散性得到培养，创新能力大大提升！

探究能丰富我们高阶思维技巧。面临有困惑的问题的时候，首先我们会不自觉作出各种猜测，想寻找问题的答案；其次在解决问题的时候，我们也要对问题进行推理、分析，找出解决问题的方向，然后通过亲自观察、实验来收集事实，也可以通过其他方式（如阅读）得到第二手资料；最后对获得的资料进行归纳比较、综合、解释，形成评价。所以，探究除了能够增强发散性思维、有效提高我们的创造性外，还可以锻炼我们更高级的思维技巧，如分析、综合和评价的能力。

　　探究使动手能力与知识掌握综合起来。探究中，我们不免会更加积极地调动各种感觉、储备的知识、动手操作，以及运用语言等。因此，探究就是"在做中学"，是知识经验和动手操作的交融、统一。

　　探究助我们更好地理解科学的本质。我们亲自参与探究，体验科学家的探究过程，也就能更好地理解科学探究的艰难，体会探究中可能遇到的各种问题，以及怎样通过一次一次的尝试来解决问题。多次参与探究后，我们就可以更深刻地领悟科学的本质了！

探究习惯养成要诀

● 他山之石

徐霞客仗剑走天涯

徐霞客的游记与他所描绘的大自然一样，质朴而绚丽。大自然中雨、露、晴、晦的千变万化，山、水、树、岩的千姿万态，都在他的笔端得以再现，读起来仿佛跟随他的足迹，跋涉奇峰峻岭、博击急流险滩，置身于祖国的秀丽山河之中……

徐霞客是从 21 岁起开始游历的，最初的两年，他外出旅行是为了增广见闻，也是为了满足自己的兴趣。然而，这两年的经历却使他认识到书中的记载有诸多遗漏，甚至错误。之后他便不只是单纯地为了寻访名胜，更重要的是为了探究大自然的奥秘，揭示科学的自然规律。

在此后 30 多年漫长的岁月中，他先后进行了 4 次长途跋涉，足迹遍及大半个中国。游历中，他耗尽积蓄，常年栉风沐雨，风餐露宿，历尽了千难万险。他曾失足掉进急流之中，险些丧命；他曾四次绝粮，不得不空腹而行；他曾三度遇盗，财物被抢劫一空。那时的游历主要靠徒步跋涉，他不避风雨，不怕虎狼，与长风为伍，与云雾相伴，以野果和野菜充饥，用清泉和露水解渴。但是，任何艰难险阻，都不曾动摇过他探究的决心。最后一次出游是在 1636 年，那时已 61 岁的他，因足疾无法行走，仍坚持编写了《游记》和《山志》。为后人留下了珍贵的文化遗产——《徐霞客游记》。这 60 余万字的记录，是徐霞客 30 余年旅行考察的真实记录，既是权威的地理学文献，也是笔法精湛的游记文学，被称为"古今游记第一"。

＊徐霞客的探究习惯

徐霞客奋勇攀岩，不畏艰险，探究大自然的精神值得我们学习。他在遇到疑问时不畏权威、敢于质疑，并勤于亲自实践探究，坚信真理至上。徐霞客用他的实际行动向我们诠释了"探究"的含义。

● 计划习惯养成要诀

（1）多想一个"为什么"

爱迪生小时候看见花园的篱笆边有一个野蜂窝，感到很奇怪，就用棍子去拨，想看个究竟，结果脸被野蜂蜇得肿了起来，他还是不甘心，非看清楚蜂窝的构造才行。

无数人都看过壶盖被沸腾的开水顶开，然而只有瓦特受到启发，发明了蒸气机。

遇事多想想"为什么"。因为，成功的答案往往跟在"为什么"后面。当你充满好奇时，自然会发现前所未有的东西，激发出向往、热情、执著，促使你不自觉地去探究。同学们，我们正处于爱提问题的年龄，有问题总比没问题好，好奇心是成功和快乐的钥匙！

（2）让我们"身体力行"

"纸上得来终觉浅，绝知此事要躬行。"　　　　　——陆游（宋）

这句话是陆游在教儿子写诗时所说的。意思是，从书本上得到的知识终归是浅薄的，最终想要认识事物，还需要自己亲身的实践。所以我们要注意深入现实，体验生活。

沈括，我国北宋著名的科学家，在镇江梦溪园撰写了巨著《梦溪笔谈》，成就了科学巨人的美名。沈括小时候，当读到白居易写的"人间四月芳菲尽，山寺桃花始盛开"这句时，便想：为什么我们这里的花都开败了，而山上的花才盛开呢？为了解开这个谜团，他约了几个小伙伴实地考察了一番。四月的山上，乍暖还寒，凉风袭来，冻得人

瑟瑟发抖。沈括茅塞顿开，原来山上的温度比山下低了很多，因此花季来得也比较晚。沈括上山看桃花，说明他不轻信，身体力行来打破自己的迷惑。

在生活中，我们要善于发现疑点，一旦产生疑问，绝不轻易放过，学会积极调研、主动实践，养成严谨的求索习惯。

（3）夯实知识基础

爱因斯坦曾说过："理论决定着你到底能观察到什么。"这就说明了一个重要规律：理论指路必不可少。人们在认识探究事物时，有无正确理论指路，效果大不一样。理论常识对于同学们有提高成长起点的功效，如果掌握完整的知识常识，对我们则大有裨益。说不定，那些基础的理论知识，会架起我们日后成功的桥梁！

（4）不害怕犯错

懦夫把错误当成沉重的包袱，勇士把错误当做前进的阶梯。错误可以纠正，但是一旦我们有了畏惧犯错误的心理，往往就会画地为牢、止步不前，从而阻碍我们的探究脚步。这样，困难岂不变得更加可怕？雅虎创始人杨致远曾说过："总是为担心犯错误而犹豫，永远无法实现自己的想法。"其实，犯错是很自然的事，但是不怕犯错，知错就改，善莫大焉。

"畏惧错误就是毁灭进步，遮掩错误就是躲避真理！"

——周恩来

"不要害怕犯错，你将认识到失败是什么，继续努力达成你的目标。"

——本杰明·富兰克林

（5）充满热情

黑格尔曾说过："没有热情，就不能完成世界上的伟业。"可见充满热情对于我们成功的重要性。只有怀着满腔热忱，我们才会发现探索的乐趣，能在探索过程中坚持不懈，遇到挫折困难时不轻易放弃！其实，当我们对事物饶有兴趣、热情地为之辛勤劳动后，最终结出的丰硕探究之果，往往是顺理成章的。因此同学们，让我们找到自己的

兴趣所在，快乐地遨游在探索的世界里吧！

"一个人成功的因素有很多，而居于这些因素之首的就是热忱。"

——卡耐基

"没有一点热情，则将一事无成。"

——伏尔泰

（6）积极参与讨论、合作

德国的化学家本生和物理学家基尔霍夫是好朋友，他们合作发明了光谱分析仪。本生提供了化学设想，基尔霍夫设计物理仪器，造就了这个伟大的发明。它能辨别出物质中各种元素的光谱线，最大的贡献便是测量出太阳的元素构造。光谱分析法也被后人称为"化学家的神奇眼睛"。本生的一个朋友曾说："本生最大的发现，乃是他发现了基尔霍夫。"的确，本生渊博的化学知识，加上基尔霍夫坚实的物理基础，在合作中发挥优势、知识互补，形成了一加一大于二的效果，最终测出了太阳元素的组成，在天文学史留下了辉煌的一页。

所谓"智者千虑必有一失"，这告诉我们，人人都有局限性。而多多参与讨论、合作正好可以帮助我们接触更多不同的思考，以便从新的角度去探究事物！讨论过程会驱使大脑搜索所知的一切信息，组合出有力的论点论据以便获胜。在合作中，则可以集思广益，弥补盲点，缩小思维死角。

【心理小知识】

在探究性学习中，我们的学习过程可能经历以下五个步骤。

1. 观察和提出问题：观察是科学探究的基石。通过观察可以发现自然世界中未知的各种事物和现象，从而提出问题，确立探究的主题。因此，观察和提出问题是密不可分的。但是，并不是所有的观察都能导致问题的提出。很多时候，我们会深陷于"已知的幻觉"之中，也就是如德国文学家歌德所说的："我们只看到我们所知道的。"因此，在探究中，我们要审视自己知识的界限，深知自己知识的局限和矛盾。从某种意义上讲，探究就是要寻找一扇由已知通向未知的"大门"，推动"已知的幻觉"不断扩张！

2. **形成假设**：假设是科学发展的必经之路。德国文学家海涅就曾说过："谁若为我们指出了走不通的道路，那么他就像为我们指导了正确道路的人一样，对我们做了一件同样的好事。"假设可能有一种，也可能有多种。其实多种假设，更加能避免观点的局限，从而保证探究开放。

3. **检验求证**：检验求证，使我们能够探查自然世界中那些隐藏在自然现象和事物背后的奥秘，揭示自然的本质。检验求证的方式有两种：其一是收集支持假设所需要的事实和证据，其二是个体亲自动手实验。

4. **得出和解释结论**：在之前的工作结束后，我们就试着归纳，得出并解释结论了。这里要提醒同学们一点：我们要有能够接受批评和质疑的豁达心态哦！任何结论都是不断完善的，我们可不能强求一气呵成、一蹴而就。

5. **交流和应用**：在交流、应用中，一方面，我们要向其他人阐明自己所探究的问题、方法，探究的过程以及结果，并倾听他人的看法和态度；另一方面，他人也有机会就这些结论、解释提出疑问。通过交流应用，我们可以获得各种可能的解释，有助于将实验证据、已有的科学知识和他们所提出的解释这三者之间更紧密地联系起来，促进科学结论的获得。

当然，对于探究过程的认识，我们不能机械地理解，以为只有经历上述五个阶段的探究才是探究。实际上，科学探究的问题是多种多样的，针对不同问题，人们所可能经历的探究过程、采取的探究方式就可能不同！

我们也要做研究

● 坚持成习惯

小小化学家

伍德沃德，美国化学家，是本世纪在有机合成化学研究上取得划时代成果的罕见的化学家。据统计，他以极其精巧的技术，合成的各种极难合成的复杂有机化合物达 24 种以上，因此被称为"现代有机合成之父"。1965 年，伍德沃德因杰出贡献而荣获诺贝尔化学奖。获奖后，他没有停止工作，而是组织了 14 个国家的 110 位化学家，向着更艰巨复杂的化学合成方向前进。伍德沃德每天只睡 4 个小时，其他时间均在实验室工作。同时，伍德沃德谦虚和善、不计名利，学术界和他共过事的人都对他的高尚品质赞不绝口。1979 年，62 岁的伍德沃德因积劳成疾，与世长辞，他在辞世前还念念不忘工作，对他的学生和助手说明许多需要进一步探究的工作。伍德沃德卓越的探究成果，与其儿时对化学实验的兴趣密不可分。

小时候，伍德沃德就对科学实验有一种强烈的兴趣。那时，他的邻居有一间专门的研究房间，令他万分羡慕。于是，他把家里闲置的角落清理，腾出一个小空间，又找来各种各样的瓶子和杯子，装上各色墨水，就这样一个小小实验室建成了，平日常常进去摆弄调配，俨然一个小小化学家。在他生日那一天，家人为他举办热闹的生日宴会，但当一切准备就绪时，小寿星却失踪了。妈妈一下便想到那个"实验角落"，果然，在那个角落他手上脸上沾满了各种墨水，正忙不迭地检验着什么，完全不理会外界……父亲看到儿子的表现，被他的执著感动，甚是欣慰。于是，帮他把地下室彻底清理了一遍作为他的实验室，还从商店里买来正规器具。在这里，伍德沃德正式开始了他的科学探索历程。

如果我们也像小伍德沃德一样，对科学奥秘热情探究，用实验揭示科学真相，我们也可以成为未来的科学家，摘取科学桂冠上的明珠！

征服"死亡元素"

氟在化学史上曾有"死亡元素"之称，因为从发现到最后提取它，多位化学家都为此损害了健康，有的甚至献出了生命。经过 70 余年前赴后继的英勇奋斗，氟终于在 1885 年被法国化学家莫瓦桑征服了。

莫瓦桑是在知道氟元素是"死亡元素"的前提下，开始提取单质氟的。其间他曾四次中毒，差一点失去了宝贵的生命。可以说他的探究工作时刻与死亡相伴，但是他仍然坚持不懈，从未放弃。1906 年，为了表彰莫瓦桑在制备元素氟方面所做的杰出贡献，瑞典诺贝尔基金授予他诺贝尔化学奖。同年 12 月，在庆祝莫瓦桑制取单质氟 20 周年的会上，莫瓦桑出席讲演，他在演讲的最后说："我们不能停留在已经取得的成绩上面，在达到一个目标之后，我们应该不停顿地向另一个目标前进。一个人，应当永远为自己树立一个奋斗目标，只有这样做，才会感到自己是一个真正的人，只有这样，他才能不断前进。"遗憾的是，第二年，年仅 55 岁的莫瓦桑即因长年受有毒气体的侵蚀而过早地去世。他何尝不知氟气的危害，他在 40 多岁时就曾多次不无伤感地向朋友们说过，他确信氟已使他的生命缩短了 10 年！但是，为了科学事业，他义无反顾地奉献着！

由此我们可以看出，莫瓦桑不但是一位杰出的化学家，也是一位敢于挑战死亡的大英雄。成功的硕果需要勇敢无畏、坚持不懈的精神！

● 计划探索习惯

下面我们一起来制订一个"良好的探究习惯养成计划"，我们分两大环节六个方面制订这个计划。

探究计划

☆ 探究什么？

☆ 在什么地方探究？

☆ 什么时候探究？

☆ 用什么方法探究？

☆ 什么时候进行下一次探究？

探究监控

☆ 什么时候检查探究计划执行情况？

对照本章前面的内容，你可以自己制订探究习惯养成计划，当然你也可以通过与老师、同学伙伴或者爸爸妈妈讨论后制订你的计划。

【心理小测验】

你养成探究习惯了吗？

你有在如下情景产生好奇心，并去探究吗？如果符合你的情况，请在题目后面的括号内打"√"，如果不符合你的情况，请在题目后面的括号内打"×"。

1. 在老师讲课时，我会产生疑问，并设法弄清。　　　　（　）

2. 在完成作业时，我会产生疑问，并设法弄清。　　　　（　）

3. 在和同学、朋友讨论、合作时，我会产生疑问，并设法弄清。
　　　　　　　　　　　　　　　　　　　　　　　（　）

4. 在和家人说话时，我会产生疑问，并设法弄清。　　　（　）

5. 在看书（或看电视、上网）时，我会产生疑问，并设法弄清。
　　　　　　　　　　　　　　　　　　　　　　　（　）

6. 在领略大自然时，我会产生疑问，并设法弄清。　　　（　）

7. 在外出时，看到某些事物，我会产生疑问，并设法弄清。（　）

计分：以上 7 条，数一数你有多少个 "√"，"√" 的数量就是你的得分哦。

如果你的得分在 6 分及以上，那么恭喜你，你已经养成了探索的好习惯，请继续保持，与探究成为终身好朋友，相信未来的你一定前途无量！

如果你的得分在 3~5 分，同样要恭喜你，只要你能继续坚持，相信养成探究的好习惯就在不远处！

如果你的得分在 2 分及以下，说明你目前还没有养成探究的习惯。探究能让你得到无穷快乐，获得成功，希望你能理解探究的奥妙，积极进行探究吧！

探究需要拥有热情、好奇心，更需要的是我们脚踏实地的实践、锲而不舍的坚持。开拓未来需要探究精神，让我们进行探究、学会探究、热爱探究；让我们勇往直前，去发现真理的光芒，享受探究的美妙过程吧！

团结起来力量大

独学而无友，则孤陋而寡闻。

——《学记》

天时不如地利，地利不如人和。

——孟轲

一朵鲜花打扮不出美丽的春天，众人先进才能移山填海。

——雷锋

不管努力的目标是什么，不管他干什么，他单枪匹马总是没有力量的。合群永远是一切善良思想的人的最高需要。

——歌德

科学家不是依赖于个人的思想，而是综合了几千人的思想，所有的人想一个问题，并且每人做部分工作，添加到正建立起来的伟大知识大厦之中。

——卢瑟福

在西方，早在公元 1 世纪，古罗马昆良体学派就指出，学生可以从互教中受益。捷克大教育家夸美纽斯也认为，学生不仅可以从教师的教学中获取知识，而且还可以通过别的学生的教学来获取知识。

所有的这些都告诉我们，合作与团结对于一个生活在集体中的人，对于我们学生来说有多么的重要。让我们养成与他人合作的习惯，成为集体的一分子，与同学们一起学习，一起进步吧。

人心齐，泰山移

● **成功阶梯**

五个手指的故事

五个手指头一直关系很好，可最近有点闹别扭。

心里有了别扭，手足之情也不顾了。老大往往有点盛气凌人，对着他的四个兄弟口沫四溅地说，我是大拇指，数我最辛苦，数我最能干，别看我个子生得矮，可我长得敦实，别看我模样丑，我的力气最大。每次做事时，你们兄弟几个绑在一起，我一人独当一面。我的贡献最大，可我出力不讨好，我知道，你们肯定背后笑我其貌不扬，老实巴交。你们以为我不知道呀！

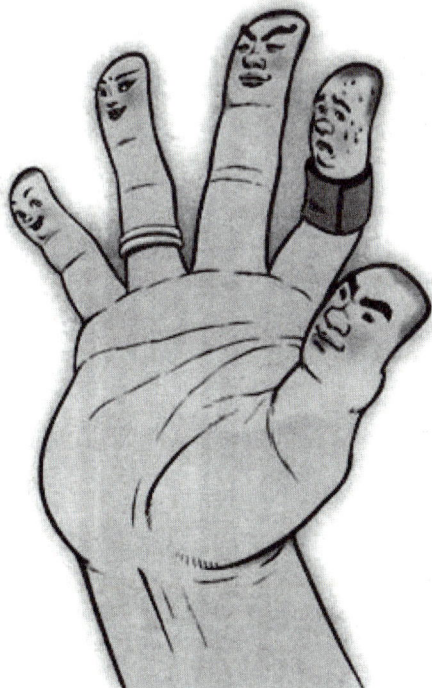

老二也不甘示弱，我身子没有老大粗，个子没有老三和老四高，可我是兄弟中最忙的人。你们看，哪一件事少得了我？平时有时你们歇着，我还要指指画画，抠抠点点。我是最辛苦忙碌的人。为什么人们叫我"食指"？那是因为我是觅食之指，生命之指！我如此勤劳，可谁看重我了？老大看不起我不说，连老三、老四都认为我比他们矮了半截。你看我窝囊不？老二很是愤愤不平。

中指也按捺不住了。虽然我鹤立鸡群，位居中心，坐着比你们长，站着比你们高。可你们只把我当做老三。做事时，你们总是让我"出

119

人头地"，冲在第一线。枪打出头鸟，所以受伤害的往往是我。你们看看，我身上的伤口比哪个都多。我伤痕累累，不能名至实归。要说窝囊，舍我其谁？

老四笑了笑说，你们也不要摆功诉苦了，我是一肚子苦水无处倒。论个子好歹我也算个老二，论贡献我也尽心尽力。不管怎么说，你们还有个名字，可我呢？连个名字都没有呢，别人叫我"无名指"。我无名无利，我图什么呀！不过我只是发泄一下，反正以后我还是会一如既往，你们做什么我也不会拖后腿。

最后临到老幺说话了。我不敢在哥哥们面前摆谱，说起来我哪方面都不如兄长，可我就是只知道尽量做好我自己，做事时我有多少力就出多少力，人们说：添个公鸡还有四两力呢。我就是那么点能耐，我尽力了。我净沾哥哥们的光，没有哥哥们保护我，我早就完了。平时，我就起个陪衬作用，哥哥们个个都是好样的，都是鲜花，可好花也要我这个绿叶扶持一下吧。和你们几位兄长开个小玩笑，如果没有我陪衬，也许你们不好意思伸出来见人呢！

老五的话，一下子把大家都说笑了。也许是小老弟的高姿态让几个做哥哥的自惭形秽，也许是小老弟的话让他们觉得一个也不能少，谁也离不开谁，他们都一齐想去亲近老五，五个指头形成了一个坚强有力的拳头。

"一个篱笆三个桩，一个好汉三个帮"。一根手指头难以有什么作为，可是五根手指头加在一起，就可以做出惊天动地的大事了。看看我们这双由一根一根手指头组成的手，一座座高楼大厦，一件件精美的衣服，不都是他们创造出来的吗？所有的这些，都离不开五根手指的精诚合作啊。

地狱与天堂

牧师请教上帝：地狱和天堂有什么不同？

上帝带着牧师来到一间房子里。一群人围着一锅肉汤，他们手里都拿着一把长长的汤勺，因为手柄太长，谁也无法把肉汤送到自己嘴里。

每个人的脸上都充满绝望和悲苦。上帝说，这里就是地狱。

上帝又带着牧师来到另一间房子里。这里的摆设与刚才那间没有什么两样，唯一不同的是，这里的人们都把汤舀给坐在对面的人喝。他们都吃得很香、很满足。上帝说，这里就是天堂。

同样的待遇和条件，为什么地狱里的人痛苦，而天堂里的人快乐？原因很简单，地狱里的人只想着喂自己，而天堂里的人却想着喂别人。

在一个团队里，如果成员没有团队意识，各行其是，那么，团队的目标将永远无法实现。只有大家密切合作，团结协作，才能使企业焕发出生机和活力。同理，在一个班集体里，也需要彼此合作，这样才能使每一位同学的价值得到最大的体现。

● **习惯魅力**

将相和

春秋战国时期，赵国优秀将领廉颇以英勇善战闻名，立下无数战功，地位很高。蔺相如当时是赵王身边一位宦官的门客，被推荐完成送和氏璧换取秦国十五座城的任务，蔺相如肩负国家利益和荣辱，冒生命危险以聪明才智和胆识完璧归赵，得到赵王赏识。不久秦赵两国国君在渑池相会，蔺相如又立了大功，为赵国挽回了面子。赵王封他为上卿，官位在廉颇之上。廉颇对蔺相如不满，觉得自己在沙场上为赵国拼命，攻下无数城池，立下汗马功劳，蔺相如动动嘴皮子就比自己功劳大，很不服气。蔺相如得知廉颇对自己有意见后处处忍让，别人说他怕廉颇。他却说："秦王我都不怕，难道能怕廉将军？现在秦国不敢入侵，因为赵国有得力的

将相，一旦我们不能好好合作，闹了别扭，就会削弱赵国力量，秦国趁机入侵怎么办？我不论功争权，为的是国家大局！"此话传到廉颇耳里，廉颇也是深明大义之人，主动负荆请罪。将相和的佳话流传至今。

如果廉颇、蔺相如两人争权夺利，国家就有可能因此灭亡。正是因为他们文武两位大臣的互相合作，共同保家卫国，才使秦国不敢贸然进攻，也正是他们的互相合作，才使赵国能在那个纷争的年代占有一席之地。

动物界的合作

鹈鹕能和鸬鹚、海鸥合作捕鱼。鹈鹕的脚趾似蹼，它能以蹼为桨来游泳，但不会潜水，只能在水面上捕鱼。而鸬鹚善于潜水。海鸥则能在空中观察鱼群，为鹈鹕和鸬鹚导航。他们常以这种方式合作，水面、

水下、空中同时出击，一起把鱼群赶到浅水区，然后合力围剿，捕到鱼后都饱餐一顿。

多数人都会认为蚂蚁是很弱小的动物，它们的生命随时都面临着各种考验。其实他们自己比我们更明白这一点。这天，草丛里燃起了熊熊烈火，所有的动物都安全逃离。一向身子小、动作灵敏著称的蚂蚁们在这时却显得有点笨拙。成千上万正在"运货"的蚂蚁，在野火烧来之际，为了逃生，做出了一个令人震惊的举动：众多蚂蚁迅速拢成一团，像滚雪球一样飞速滚动，逃离火海。只听噼里啪啦一阵烧焦声，那是裹在最外层的蚂蚁用自己的躯体为裹在里面的同胞们开拓求生之路。

面对这不可能逃避的灾难，蚂蚁选择了合作。就连它们都知道合作，更何况是我们呢？

神六的成功

受世人瞩目的神舟六号飞船的宇航员费俊龙、聂海胜是伟大的。

他们替中国，替全人类完成了一个无与伦比的使命。可是，费俊龙能独自登上太空，安全完成这项艰巨的任务吗？聂海胜能吗？

不，没有合作，这绝对是不可能的事情！飞船的构造需要设计师的合作，零件的加工需要工人的合作，太空上的工作需要宇航员的合作，这些，都不是可以凭一己之力完成的事情。

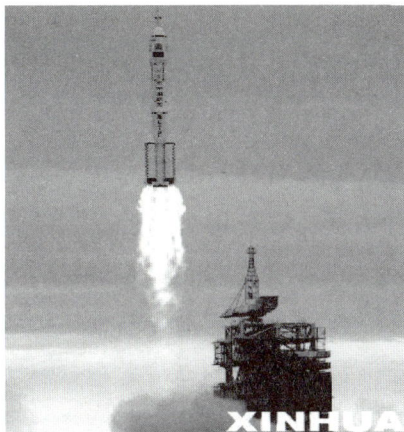

神舟六号飞船的成功，不是一个人的功劳，是一群人的功劳。如此庞大的、震惊世界的壮举，正是各方的努力合作，积极协作铸造的。

"一滴水只有放进大海里才永远不会干涸，一个人只有当他把自己和集体事业融合在一起的时候才能最有力量。"

——雷锋

"谁若认为自己是圣人，是埋没了的天才，谁若与集体脱离，谁的命运就要悲哀。集体什么时候都能提高你，并且使你两脚站得稳。"

——奥斯特洛夫斯基

"不但要团结和自己意见相同的人，而且要善于团结那些和自己意见不同的人，还要善于团结那些反对自己并且已被实践证明是犯了错误的人。"

——毛泽东

【心理小测验】

你有与人合作的习惯吗？

以下三道题，请选择你认为最符合你的实际情况的选项。

1.如果在比赛中你所在的团队输了，你认为是什么原因？

A. 我没有尽力

B. 团队中其他人的过错

C. 队员们配合得不好

2. 当老师布置了一个非常困难的学习任务给你时，你会选择怎么样去解决它？

A. 不管怎样都自己解决

B. 直接询问老师答案

C. 和其他同学一起尝试解决

3. 小红遇到了一件非常棘手的事情，不知道该怎么办，如果你是小红，你会怎样选择呢？

A. 自己想办法解决

B. 暂时不去考虑这件事，放在一边

C. 寻求老师、同学或者其他人的帮助

分析：

请看一下你的两个选项里有几个 C 呢？

如果你的选项里一个 C 也没有，那么说明你在日常的学习、生活中几乎不会与他人合作，你几乎没有与人合作的习惯。

如果你的选项里有 1~2 个 C，说明你有些时候还是会找人合作的，但是有些时候却不会。你有合作的意识，也意识到了合作的重要性，但你做得还不够哦，更多地与人合作吧，你一定会事半功倍的。

如果你的选项里有三个 C，那么恭喜你，你是一个善于与人合作的人，你拥有与人合作的好习惯。加油，你是最棒的。

【心理小知识】

美国女科学家朱克曼教授做过这样一个统计：在诺贝尔奖设立的第一个 25 年中，合作研究获奖的人数仅占 41%，第二个 25 年里占 65%，第三个 25 年里占 79%。而时至今日，已极少有人孤军奋战，独享其誉了。美国的"阿波罗登月计划"耗资 250 亿美元，直接参与的科学家及工作人员达 42 万人之多。随着时代的发展，未来的社会中合作必然成为人类生活生存的最基本形式。联合国教科文组织也把"学会做人、学会做事、学会合作、学会求知"作为 21 世纪教育的四大支柱。作为现代的中小学生要想在未来的社会里赢得一席之地，就必须从今天开始学会与他人合作，而不是像"独行侠"一样做"独孤求败"，如果这样，将来必然是不求自败。学会合作，就必须重视他人的作用。对一个学生来说，学会合作，就必须接受老师科学的指导和同学善意的帮助，就必须把自己融入班级和学校的大集体当中去，就必须与他人建立起和睦相处的融洽关系。

心理学家和教育学家们研究发现，养成合作的习惯，对个人的成长具有重要的意义。表现在：

培养交往能力

培养创新精神

培养竞争意识

培养平等意识

培养承受能力

激励主动学习

合作学习理论认为，在学习中养成与他人合作的习惯具有重要的意义。

1. **增强了学生的学习主体意识，调动了学生参与学习的积极性和主动性**：小组合作学习形成了组内合作、组间竞争的格局，增强了集体荣誉感，从而激发了学生参与学习、乐于学习的兴趣和动机。合作学习密切了师生、生生之间的关系，为学生提供了更多主动参与的机会。

2. **体现了对学生主体的尊重**：合作学习中，每个人都有机会发表自己的看法，也学会了乐于倾听他人的意见，当学生一起协调工作时，他们得到更多，学得也更愉快。

3. **促进学生间良好人际关系的建立**：学生间在学习上互相帮助、

互相鼓励，每一名成员都更大程度地感受到自尊和被其他成员所接纳。合作学习为学生提供了一个团结、友爱、互助合作的学习环境，通过学习交往，学生感受到教师或同学对自己的积极评价，从而表现出较强的自尊、自信，形成并发展自己的独立性和自主意识。

孤掌难鸣

● 他山之石

一位外国的教育家邀请中国的几个小学生做了一个小实验。一个小口瓶里，放着七个穿线的彩球，线的一端露出瓶子。这只瓶子代表一幢房子，彩球代表屋里的人。房子突然起火了，只有在规定的时间内逃出来的人才有可能生存。他请学生各拉一根线，听到哨声便以最快的速度将球从瓶中提出。实验即将开始，所有的目光都集中在瓶口上。哨声响了，七个孩子一个接着一个，依次从瓶子里取出了自己的彩球，总共才用了3秒钟！在场的人情不自禁地鼓起掌来。这位外国专家连声说："真了不起！真了不起！我在许多地方做过这个实验，从未成功，至多逃出一两个人，多数情况是几个彩球同时卡在了瓶口。我从你们身上看到了一种可贵的合作精神。"

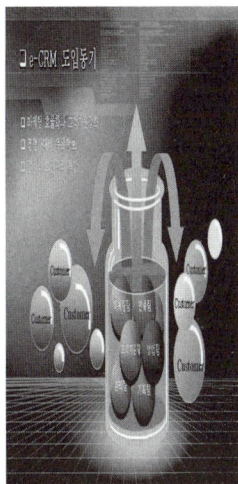

* 中国小朋友的合作习惯

成功的合作不仅要有统一的目标，要尽力做好份内的事情，而且还要心中想着别人，心中想着集体，有自我牺牲的精神。

2004年6月，拥有NBA历史上最豪华阵容的湖人队在总决赛中的对手是14年来第一次闯入总决赛的东部球队活塞队。赛前，很少有人会相信活塞队能够坚持到第七场。从球队的人员结构来看，湖

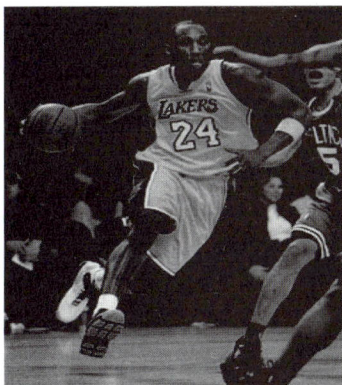

人队是一个由科比、奥尼尔、马龙、佩顿等巨星组成的"超级团队"，每一个位置上的成员几乎都是全联盟最优秀的，再加上由传奇教练菲尔·杰克逊对其的整合，在许多人眼中，这是 20 年来 NBA 历史上最强大的一支球队，要在总决赛中将其战胜只存在理论上的可能性，更何况对手是一支缺乏大牌明星的平民球队。

然而，最终的结果却出乎所有人的意料，湖人队几乎没有做多少抵抗便以 1∶4 败下阵来。

* 湖人队的合作习惯

湖人队在这次比赛中展现出了合作的好习惯吗？答案是否定的。这也是他们失败的最根本原因。

在这次比赛中，湖人队的成员相互争风吃醋，都觉得自己才是球队的领袖，在比赛中单打独斗，全然没有相互合作。而马龙和佩顿只是冲着总冠军的戒指而来的，根本就无法融入整个团队，也无法完全发挥其作用，缺乏凝聚力和合作精神的团队如同一盘散沙，其战斗力自然也就会大打折扣。明星员工的内耗和冲突往往会使整个团队变得平庸，在这种情况下，1+1 不仅不会大于或等于 2，甚至还会小于 2。

● **合作习惯的养成要诀**

（1）在倾听中培养合作习惯

耐心听完老师或同学的发言，尊重他人，再发表自己的意见。当他人评价自己时既要做到认真聆听，虚心接受，努力改进，也要做到不盲目接受，应取长补短。明确什么时候听什么，什么时候怎么听，就可以养成良好的倾听习惯。

（2）在讨论中培养合作习惯

讨论是合作学习的关键。俗话说：三个臭皮匠胜过一个诸葛亮。集体的智慧，进行集思广益，通过小组成员的相互讨论，最终形成共识，从而解决问题。讨论迸出智慧的火花，让大家体会到讨论的优势，

体验到讨论后解决问题所带来的成功的喜悦，从而自觉地养成合作的习惯。

（3）在补充中培养合作习惯

课堂作为交际的一个重要场所，为表达搭建了一个平台。而同学之间相互补充，补充越完整，成果就越显著。

（4）在交流中培养合作习惯

英国大文豪萧伯纳曾比喻："倘若你有一个苹果，我也有一个苹果，而我们彼此交换这些苹果，那么，你和我仍然是各有一个苹果。但是，倘若你有一种思想，我也有一种思想，而我们彼此交流这些思想，那么，我们每个人将各有两种思想。"这个比喻告诉我们这样一个道理：如果几个人在一起交流自己的知识、思想，就会促进每个人多学到一点儿东西。通过合作、交流，每个人很可能得到一个，甚至几个苹果。

（5）在操作中培养合作习惯

有些操作不是自己一个人能够独立完成的，需与人合作才可以完成任务。

联合国秘书长安南说："不论今后你们选择什么样的职业，都要学会与人合作相处。"这是秘书长 40 年外交经验的总结。

美国哈佛大学心理学教授把"与同事真诚合作"列为成功的九大要素之一，而把"言行孤僻，不善于与人合作"列为失败的九大要素之首。

【心理小知识】

合作的三大基础

一、建立信任

清华中旭商学院院长郭鹏讲，要建设一个具有凝聚力并且高效的小组，第一个且最为重要的步骤就是建立信任。这不是任何种类的信任，而是坚实的以人性脆弱为基础的信任。这意味着一个有凝聚力的、高效的小组成员必须学会自如地、迅速地、心平气和地承认自己的错误、弱点、失败、求助。他们还要乐于认可别人的长处，即使这些长处超过了自己。

以人性脆弱为基础的信任在实际行为中到底是什么样的？像小组成员之间彼此说出"我办砸了""我错了""我需要帮助""我很抱歉""你在这方面比我强"这样的话，就是明显的特征。以人性脆弱为基础的信任是合作不可或缺的条件。

二、良性的冲突

合作最大的阻碍，就是对于冲突的畏惧。只有当小组成员彼此之间热烈地、不设防地争论，直率地说出自己的想法，小组才能做出充分集中集体智慧的决策。不能就不同意见而争论、交换未经过滤的坦率意见的合作小组，往往会发现自己总是在一遍遍地面对同样的问题。实际上，在外人看来机制不良、总是争论不休的小组，往往是能够作出和坚守艰难决策的。

三、无怨无悔才有彼此负责

优秀的合作小组不需要被提醒各成员应竭尽全力工作，因为他们很清楚需要做什么，他们会彼此提醒注意那些无助于成功的行为和活动。而不够优秀的小组一般对于不可接受的行为采取向领导汇报的方式，甚至更恶劣：在背后说闲话。这些行为不仅破坏合作小组的士气，而且让那些本来容易解决的问题迟迟得不到办理。

合作的六大原则

1．平等友善

与合作小组成员相处的第一步便是平等。不管你是谁，都需要丢掉不平等的关系，无论是心存自大或心存自卑都是成员相处的大忌。要特别注意真诚相待，才可以赢得成员的信任。信任是连结合作小组成员友谊的纽带。

2．善于交流

同在一个班级学习，你与同学之间会存在某些差异，能力、经历等的不同会使你们在对待和处理问题时产生不同的想法。交流是协调的开始,把自己的想法说出来,听对方的想法,你要经常说这样一句话:"你看这事该怎么办,我想听听你的看法。"

3. 谦虚谨慎

法国哲学家罗西法古曾说过:"如果你要得到仇人,就表现得比你的仇人优越;如果你要得到朋友,就要让你的朋友表现得比你优越。"当我们让朋友表现得比他们还优越时,他们就会有一种被肯定的感觉;但是当我们表现得比他们还优越时,他们就会产生一种自卑感,甚至对我们产生敌视情绪。因为谁都在自觉不自觉地强烈维护着自己的形象和尊严。所以,对自己要轻描淡写,要学会谦虚谨慎,只有这样,我们才会永远受到别人的欢迎。

4. 化解矛盾

一般而言,与同学有点小摩擦、小隔阂,是很正常的事。但千万不要把这种"小不快"演变成"大对立",甚至成为敌对关系。对别人的行动和成就表示真正的关心,是一种表达尊重与欣赏的方式,也是化敌为友的纽带。

5. 接受批评

从批评中寻找积极成分。如果同学对你的错误大加抨击,即使带有强烈的感情色彩,也不要与之争论不休,而是从积极方面来理解他的抨击。这样,不但对你改正错误有帮助,也避免了语言敌对场面的出现。

6. 创造能力

一加一大于二,但你应该让它变得更大。培养自己的创造能力,不要安于现状,试着发掘自己的潜力。一个有不凡表现的人,除了能保持与人合作以外,还需要所有人乐意与你合作。

合作习惯初养成

● **坚持成习惯**

移动通信行业发展快速，只有 10 年历史的手机产品几乎每 18 个月就更新换代。为反映这一行业特征，诺基亚在中国的 5000 多名员工的平均年龄只有 29 岁，诺基亚希望他们能跟上快节奏的变化，采取"投资于人"的发展战略，让公司获得成功的同时，个人也可以得到成长的机会。

在诺基亚，一个经理就是一个教练，他们知道怎样培训员工来帮助他们做得更好，不是"叫"他们做事情，而是"教"他们做事情。

经理人在教他的工作伙伴做事情，建立团队时，要力求设计合理的团队结构，让每个人的能力得到发挥。使各个部门、各个区域能够彼此合作，协调发展。没有完美的个人，只有完美的团队，唯有建立健全的团队，企业才能立于不败之地。

自诺基亚进入市场以来，就非常重视合作的重要性，不仅仅是在团队建设上凸显出合作，在市场的拓展上也时时体现着合作精神。诺基亚进入中国市场不久，就成了移动电话市场的旗舰厂商，在市场竞争日益激烈的情况下，诺基亚的移动电话增长率持续高于市场增长率。从 1998 年起它就位居全球手机销售龙头，目前占有全球 1/3 的市场份额，几乎是位居第二的竞争对手市场份额的两倍。诺基亚在中国的投资超过 17 亿美元，建立 8 个合资企业、20 多家办事处和 2 个研发中心，拥有员工超过 5500 人。

诺基亚公司的成功得益于他们时刻都在坚持的合作，在合作中成长，在合作中壮大，一个具有合作精神的团队是强大而不可战胜的，这样的诺基亚怎能不成功。

● 计划合作习惯

如何养成合作的习惯呢？你可以在学习、生活中要求自己这样做：

①要培养认真倾听的意识，不要只顾表达自己的意见，不去倾听他人的评价，唯我独尊。

②学会表达自己的见解。表达自己的见解，就是"说"，就是将自己的观点通过语言准确地表达出来，让别人理解。

③要培养善于肯定别人的优点，也要敢于质疑。合作学习中除了努力倾听别人发言的要点，敢于发表自己的见解外，还要对别人的发言作评价。

④构建合作学习小组，是班级合作学习的前提条件。要充分发挥小组合作学习的作用，可编排"同组异质，异组同质"的四人小组。

⑤合作小组中要有明确的分工，所以，小组中组长的选择显得尤为重要，由组长进行分工，学生参与的积极性更高。

⑥持之以恒。要想尽快养成合作的习惯，就要在理论与实践结合的前提下，不断地总结，不断地反思，持之以恒地坚持合作学习。我们在刚开始进行小组合作时，会有个别学生上课控制不住自己，这时候千万不能放弃，要坚持下去。

亲爱的同学们，你在学习中做到以上这些了吗？

你可以找自己的爸爸、妈妈或者好朋友做你的计划监督人，并商量出一个奖罚措施。比如说，如果你每天都能够做到上述要求，那么就可以得到一定的奖励，当然，如果你没有做到上述要求，就要受到一定的惩罚。至于奖励或者惩罚什么，要由你们共同商量决定。

【心理小测验】

你学会合作了吗？

你养成合作的习惯了吗？不妨回答几道题检验一下吧。以下题目，请选择与你最相符的一项。

1.合作伙伴的想法不符合自己的想法怎么办？

A.心里不痛快，不高兴

B.甩手不管，看笑话

C.仔细想想他的话也可能有道理

2.己的做法被合作伙伴误解了怎么办？

A.心中很委屈，但不作声

B.由此发生争吵

C.真诚地说理，想办法消除误解

3.作中两个人都需要某件东西，怎么办？

A.抢在别人前边先得到

B.合理协商，共同使用

C.为了成功，主动谦让

分析：

如果你都选择了C，那么你已经能够和同伴们进行比较好的合作了。如果你的答案是A或者B，希望你能够在以后的学习生活中注意尝试用合作的态度对待同伴，能够养成与人合作的习惯。

希望你能学会合作，让成功之花在合作的土壤里盛开，让成功的清泉在合作的泉眼中喷涌，让成功的血液在合作的身体中流淌。让我们拥有合作，拥抱成功吧！

成由谦逊败由骄

——第 10 个必备习惯：谦虚

成功的第一个条件是真正的虚心，对自己的一切敝帚自珍的成见，只要看出同真理冲突，都愿意放弃。

——斯宾塞

一种美德的幼芽、蓓蕾，这是最宝贵的美德，是一切道德之母，这就是谦逊。有了这种美德我们会其乐无穷。

——加尔多斯

当我们是大为谦卑的时候，便是我们最近于伟大的时候。

——泰戈尔

不傲才以骄人，不以宠而作威。

——诸葛亮

孟德斯鸠说："谦虚是不可缺少的品德。"让谦虚成为我们的习惯吧，因为"虚心使人进步，骄傲使人落后"。

谦虚使人进步

● **成功阶梯**

　　牛顿是科学史上的巨人之一。他发现了万有引力定律；建立了成为经典力学基础的牛顿运动定律；他进行了光的分解而创立了光学；在热力学方面，他确定了冷却定律；在天文学方面，他创制了反射望远镜，考察了行星运动规律，科学地解释了潮汐现象，预言了地球不是正球体；在数学方面，他是微积分学的创始人……

　　恩格斯在《英国状况》一文中对牛顿的伟大成就赞叹不已。然而牛顿自己却非常谦逊。当他临终的时候，来探望他的亲朋好友在病榻边说："你是我们这个时代的伟人……"他听了"伟人"二字便摇摇头说："不要那么说，我不知道世人是怎样看我，我自己只觉得好像是一个在海滨玩耍的孩子，偶尔拾到了几只光亮的贝壳。但真理的汪洋大海在我眼前还未被认识、发现呢。"停顿片刻，他又说："如果说我比笛卡尔看得远些，那是因为我站在巨人们的肩膀上的缘故。"说完这段话，他平静地闭上了眼睛。在他成功路上的必备武器是什么呢？答案就是谦虚。

　　京剧大师梅兰芳，不仅在京剧艺术上有很深的造诣，而且还是丹青妙手。他拜画家齐白石为师，虚心求教，总是执弟子之礼，经常为白石老人磨墨铺纸，全不因为自己是名演员而自傲。有一次齐白石和梅兰芳同到一户人家做客，白石老人先到，他布衣布鞋，其他宾朋皆社会名流，或西装革履，或长袍马褂，齐白石显得有些寒酸，不引人注意。

不久，梅兰芳到，主人高兴相迎，其余宾客也都蜂拥而上，一一同他握手。可梅兰芳知道齐白石也来赴宴，便四下环顾，寻找老师。忽然，他看到了被冷落在一旁的齐白石老人，他就让开别人一只只伸过来的手，挤出人群向画家恭恭敬敬地叫了一声"老师"，向他致意问安。在座的人见状都很惊讶。齐白石深受感动，几天后特向梅兰芳馈赠《雪中送炭图》并题诗道：记得前朝享太平，布衣尊贵动公卿。 如今沦落长安市，幸有梅郎识姓名。

梅兰芳不仅拜画家为师，他也拜普通人为师。他有一次在演出京剧《杀惜》时，在众多喝彩叫好声中，他听到有个老年观众说"不好"。梅兰芳来不及卸装更衣就用专车把这位老人接到家中。恭恭敬敬地对老人说："说我不好的人，是我的老师。先生说我不好，必有高见，定请赐教，学生决心亡羊补牢。"老人指出："阎惜姣上楼和下楼的台步，按梨园规定，应是上七下八，博士为何八上八下？"梅兰芳恍然大悟，连声称谢。以后梅兰芳经常请这位老先生观看他演戏，请他指正，称他"老师"。

梅兰芳大师在艺术上能够取得如此卓越的成就，最重要的就在于他本人虚心求教、精益求精的态度。

● **习惯魅力**

歌德是德国历史上一位伟大的诗人，他的许多诗歌在当时就广为传诵。但在他生活的那个时代，也有人对他和他的作品怀有成见。

一天，他在魏玛公园里散步，在一条人行道上，迎面遇见一位对他的作品提过尖锐的、带有挖苦性批评的批评家。两人面对面地停住，那位批评家蛮横地喊道："我从来不给蠢货让路。"歌德则说："而我正相反!"说着满面笑容地让在一旁。那位批评家走过去以后更加气急败坏了,可他半天也没有说出一句话。

歌德对那位寻衅污辱他的批评家,不仅表现出豁达的情操和高雅的风度,而且只用一句话就对他进行了巧妙的还击。

故事中,歌德以幽默风趣的方式进行反击,不仅体现出他的谦虚礼让,而且也维护了自己的尊严,真是两全其美的办法!

有人问爱因斯坦说:"您老在物理学界可谓是空前绝后了,何必还孜孜不倦地学习呢?何不舒舒服服地休息呢?"

爱因斯坦并没有立即回答他这个问题,而是找来一支笔、一张纸,在纸上画了一个大圆和一个小圆,对那位年轻人说:"在目前情况下,在物理学这个领域里可能是我比你懂得略多一些。正如你所知的是这个小圆,我所知的是这个大圆,然而整个物理学知识是无边无际的。"

"对于小圆,它的周长小,即与未知领域的接触面小,他感受到自己未知的少;而大圆与外界接触的这一周长,所以更感到自己未知的东西多,会更加努力地去探索。"

9岁的儿子也曾问爱因斯坦:"爸爸,您为什么那样有名呢?"

爱因斯坦听了哈哈大笑,他对儿子说:"你看,瞎甲虫在球面上爬行的时候,它并不知道它走的路是弯曲的。我呢,正相反,有幸觉察到了这一点。"

爱因斯坦就是这样一个谦虚的人。

名声越大，他就越谦虚。

事实也是如此，生命有限，知识无穷。任何一个人，即使他在某一方面的造诣很深，也不能说自己已经彻底精通，不需要再学了。如果有那样的人，他必将很快就被同行赶上并超过。

北宋才子苏东坡，擅长诗词书画。年轻时就已是人见人夸的青年才俊，学识渊博，久而久之，自己也不免骄傲起来。一天，他在书房贴出了这样一副对联："识遍天下字，读尽人间书。"口气极为自满。父亲苏洵看见了，担心儿子因过于自满而不求上进，于是提笔在对联上各加两个字："发奋识遍天下字，立志读尽人间书。"巧妙的转换，自满变成了谦虚。苏东坡看见父亲加上去的字，极为惭愧，从此虚心学习，终于成了北宋著名的文学家与书画家，并官至宰相。

我们不妨试想一下，如果他不虚心接受父亲的建议，会有日后的"大文豪"苏东坡吗？

谦虚是一个人不断进步的先决条件。学问的长进，美德的完善，人格的提升，操守的修进，事业的发展乃至财富的积累无不依赖谦虚这一美德。

【心理小测验】

你为人谦虚吗？

两个魔法师不期而遇。一个叫长胡子，另一个叫白净脸。白净脸对他的法术很自信，总觉得要高出长胡子一筹。一天，两个人落脚在一家客栈，同时要了两碗面条，白净脸为了显本事，就从长胡子的碗里变化出一条蛇来想恐吓他。

如果你是故事中的长胡子，你会怎么做呢？

A.用身边的利器向白净脸砸去。

B.若无其事地把面条吃了，将蛇变到白净脸的碗里。

C.现在不做任何反应，私下同他交流。

D.为白净脸鼓掌。

分析：

如果你的回答是 A，说明你完全没有谦虚的习惯。

如果你的回答是 B、C 或 D，恭喜你，说明你或多或少已经拥有了谦虚的习惯。

【心理小知识】

谦虚是一种美德。中国人讲究戒骄戒躁，最忌讳有了点小成就马上山鸡舞镜似地炫个没完没了，别忘了开屏的孔雀美则美矣，却是以暴露屁股为代价的。有了大成就更该谦虚啦，大成就是谁都看得到的，你又何必吹呢？像谁娶了西施，谁统一了六国，谁杀了关羽，谁建立了新中国，不用说一般人也不至于弄错。你都已经成功了，口头上让别人占点便宜又如何？否则过刚则折，得了便宜还卖乖，那就离孤家寡人不远了。

谦虚有助于别人对你优点的发现。一见面，聊两句之后，意见有分歧了，该怎么办？吵吗？恶语相向，唾沫横飞，辱骂和攻讦注定是两败俱伤，因为人和人的身体构造基本是相同的，所以人身攻击的招数再漂亮也没用，因为对手可以以彼之道还施彼身。吵到最后是撕破脸皮外加不了了之，何苦来哉？这时你不妨谦虚一下。首先把自己放在最低的位置，如果能不露痕迹地把自己描述成一白痴，你就成功了一半。然后是尽量地赞美对手，如果能不露声色地把对手吹成圣人，那你就完全成功了。因为你不是白痴是事实，他如果顺着你的话说你是白痴，那么徒然显得他不诚实，他唯一能做的就是纠正你的错误，

怎么纠正呢？指出你的优点。而他不是圣人也是事实，他如果顺着你的话说自己是圣人那只证明他是白痴，他唯一的选择是指出自己的不足来证明自己不是圣人。让别人指出你的优点和让别人主动说出自己的缺点都只需要你适当地谦虚几句，何乐不为呢？

谦虚使我们的思想素养得到提高。中国素称"礼仪之邦"。"礼"作为一种具体的行为来讲，就是指人们在待人接物时的文明举止，也就是现在所说的礼貌。而礼貌的本质是表示对别人的尊重和友善，这种心理需求，是超越时代的，是永存的。然而，一个人如果只懂得礼貌的形式，却没有谦让之心，那么，他不会真正懂得礼貌。谦让也是谦虚、平等的表现，是礼貌的重要内涵。谦虚、礼貌包含着我们的祖先对自然文化的骄傲和自豪，是中国人之所以成为中国人的根本特征之一。自古以来，人们有许多这方面的格言警句启迪后人，如"满招损，谦受益""谦虚使人进步，骄傲使人落后""虚心竹有低头叶，傲骨梅无仰面花""百尺竿头，还要更进一步"。

谦虚，不仅应成为一种学习态度，更应该成为一种做人原则，所谓"谦谦君子，温润如玉"是也。在《易经》六十四卦里，再吉的卦也有不吉的爻，唯有"谦"卦六爻皆吉，这是为什么呢？《易传·谦·彖》对此有一个精妙的阐释："谦，尊而光，卑而不可逾。"把"卑而不可逾"译成一句白话，那就是：谦虚，是不可战胜的。我们每个人都要塑造一种虚怀若谷的品质，都要有一种谦虚谨慎、戒骄戒躁的精神。

谦虚习惯养成诀窍

● 他山之石

孔子是我国古代著名的大思想家、教育家，学识渊博，但从不自满。

春秋时期，孔子和他的学生们周游列国，宣传他们的政治主张。一天，他们驾车去晋国。一个孩子在路当中堆碎石瓦片玩，挡住了他们的去路。孔子说："你不该在路当中玩，挡住我们的车！"孩子指着地上说："老人家，您看这是什么？"孔子一看，是用碎石瓦片摆的一座城。孩子又说："您说，应该是城给车让路还是车给城让路呢？"孔子被问住了。孔子觉得这孩子很懂得礼貌，便问："你叫什么？几岁啦？"孩子说："我叫项橐，7岁！"孔子对学生们说："项橐，7岁懂礼，他可以做我的老师啊！" 接着项橐要他回答问题就让路。其一是，鹅的叫声为什么大。孔子答道：鹅的脖子长，所以叫声大。孩子说：青蛙的脖子很短，为什么叫声也很大呢？孔子无言以对。他惭愧地对学生说，我不如他，他可以做我的老师啊！

*孔子的谦虚习惯

归纳起来，孔子的谦虚习惯表现在以下几个方面。

1. 承认自己的不足

"金无足赤，人无完人"。每个人都有自己的长处和短处，只有真正看清这一点，敢于承认自己的不足，才能更好地认识自己，才能找到属于自己的位置。

人毕竟各有所长，每个人都可能在某些方面不如人。择其善者而从之，择其不善者而改之。这样坦诚自我，对人生成功是有帮助之事，不可不为。敢于认识自己的不足，拜人为吾师，又有何妨？

在我们内心深处，其实都对自己太过苛责，因为总有人会比我们强。即使是那些看起来最有自信的人，其内心也会存在对自己的批评，这种内心的批评就是引发我们痛苦，让我们对自己的表现永远也不会满足，不敢承认自己不足的原因。

其实，一个人如果能够坦然地承认别人比自己强，才能清醒认识自己与别人的差距，才能摆脱心灵的苦痛，才能让自己做得更好。敢于承认自己的不足是自信的另一种表现方式。我们认识了自己的短处，合理地扬长避短才是出路，人生才会完美。真正看清这一点，你才能胜于人。

2. 虚心向别人学习

孔子曰："三人行，必有我师焉。"生活中我们看到别人家庭好，身体好，事业好，孩子好，总会羡慕得不得了，做梦都想和别人一样，方方面面都好。不过"好"不是做梦做来的，"好"要靠实实在在的行动去积累和创造，尽管人人都羡慕别人的好结果，却没有人愿意跟别人一样，按着好的方向前进，更没有人来学习别人好的方法和门道。不愿跟人学习好的经验还不算，甚至有人还会嫉妒人家，见别人好了，自己心里急，便捏造散布各种谣言，想用这种卑鄙的手段来破坏别人的好结果，破坏人家的名声。

人要善于交换角度去看待问题，去思考问题。如果你站在一个公平、正义的立场上去分析，你会觉得让自己看到别人的好，是上天对自己的恩赐，是给我准备了一次学习的机会，一次向"好"靠边的机会。别人的好自己没有，自己就可以从别人身上吸取经验学习方法。别人的好是等于为自己指引了一条通往"好"的道路。别人能做到的，只要自己照着做也能行，别人能收获美好的人生，自己也一定能。如果你以正确的心态，把别人当成自己学习进步的榜样和指路人，那么你不但不会嫉妒，反而会以一颗感恩的心来对待别人。也就是说，只要你把心态摆正，利用好了，既让自己认识了自己的不足，还能学习到别人的长处，让自己越来越好，真正是有百利无一害！

3. 没有等级观念

孔子虚心接纳别人的意见，不论那个人是谁，身份地位怎样，即使是平民、小孩，只要言之有理，他都照单全收，没有等级观念。

● **计划习惯养成要诀**

（1）别把自己太当回事

太在乎自己，不免会因为别人的看法而忽喜忽忧；太在乎自己，不免会因为别人的看法而失去自我；太在乎自己，人生也才有了太多不必要的烦恼。很多时候，我们远不是像自己想象的那般重要，那样受人关注！别把自己太当回事，这并非是妄自菲薄，也并非是对自己能力的否定，更非对自我的瞧不起。恰恰相反，别把自己太当回事，这是出于对自己正确客观的认识，从而让自己更好地相信自己，勇于去挑战、去追求，让生命走向一次又一次的辉煌与卓越！别把自己太当回事，以平常心对待生活中的每一分快乐与悲伤吧！这样你便能拥有一颗宁静的心、一颗智慧的心、一颗快乐的心，你会发现生活中充满了更多的快乐、更多的幸福、更多的美好。

（2）不要轻易否定别人

要理解别人，体贴别人。盲目地否定别人的意见，许多时候只是因为对别人的排斥。如果能够做到理解别人、体贴别人，那么就能少一分盲目。要善于发现别人见解的独到性，只有这样，才能多角度地看问题，那么你就会发现固定在某一个立场上，有时显得多么傻。如果截然相反的意见会使你大动肝火，这就表明，你的理智已失去了控制。假如有人坚持认为二加二等于五，你根本不用发怒，只需对他的无知哑然失笑。只有那些双方都没有令人信服的证据的事情，争论才会最激烈。因此，无论何时都要注意，别听到不同的观点就怒不可遏。通过细心观察，你会发觉也许错误在你这一边，你的观点不一定都与

事实相符。 在我们的一生中，不可能每一步都是对的，但是如果人生的大方向错了，这样就把最重要的事情耽误了，把最重要的东西遗失了。其实人的真正使命在于找寻坦坦荡荡、随心所欲、宁静致远的感觉。用一句幽默的话说是"与生活讲和"。在人际交往中，让步是一种常用的处理问题的方式。让步不是懦弱、失去人格的表现，而是一种修养。让步其实只是暂时的、虚拟的退却，为进一尺有时就必须先做出退一寸的忍让，为避免吃大亏，就不应计较吃点小亏。况且有时听取了别人的意见，反而会使自己受益无穷。

（3）善于发现别人的优点

每个人都有自尊心和荣誉感。对一个人真诚的表扬与赞成，就是对他价值的最好承认和重视。真诚的欣赏和善意的赞美能拉近人与人的距离，消除陌生与隔阂。人就像浩瀚宇宙中的星辰一样，每个人都有闪光的一面，只是有些人不善于显露出来而已。想要做到谦虚，我们就不能只是关注于自己的光芒，而忽略别人的光芒。那些善于发现别人优点的人，往往是能虚心接受意见的人。水惟能下方成海，山不矜高自极天，善于发现别人的优点，虚心听取他人的意见，聪明的人会变得更加睿智。相反，不善于发现别人优点，再发展到极端，就会变成一个自我满足、心胸狭窄的人。这样的人往往与机会和成功无缘相见，最终可能会成为一个无所作为的人。

（4）向虚怀若谷者学习

多多阅读名人谦虚事迹也有助于培养你的谦虚习惯。

【心理小知识】

人们常说：谦虚是一种美德。古希腊哲学家苏格拉底说："谦虚是藏于土中甜美的根，所有崇高的美德由此发芽滋长。"其实，谦虚更是一种学习习惯。我们只有谦虚才能不傲气、少自负，也只有谦虚才能在成绩面前不骄不躁，不被胜利冲昏头脑。所以，不管社会怎样发展，科技怎么进步，谦虚作为一种传统美德和学习习惯，永远也不会过时。

满招损，谦受益。只有谦虚才能使你不断地接受新思想、新知识，从而不断进步，紧跟时代的脉搏。相反，骄傲自满只能停滞不前，只能招致失败。正如毛泽东的谆谆告诫："谦虚使人进步，骄傲使人落后。"

当谦虚成为一种学习习惯后，它让人知道自己的不足，见识越广的人越谦虚，越谦虚越好学。只有认认真真地学、一丝不苟地学、抓紧时间地学，才能够有所收获。

谦虚习惯的养成

● **坚持成习惯**

"一个人真正伟大之处就在于他能够认识到自己的渺小。"

——约翰·保罗

中国最早的典籍《尚书》指出："满招损，谦受益。"古今中外关于戒骄戒躁的论述不计其数。由此可见，骄傲是人类的宿敌，如果不战胜它，就会毁了我们自己。

虚怀若谷的人，不会被头上各色各样的光环所蒙蔽。他清楚自己的长处与弱点，失败与成就。他能虚心接受不同的意见，更能以宽广的胸怀接受他人的批评，甚至为批评自己的人鼓掌。

19世纪的法国名画家贝罗尼，有一次到瑞士去度假，他每天仍然背着画架到各地去写生。有一天，他在日内瓦湖边正用心画画，旁边来了三位英国女游客，看了他的画，便在一旁指手画脚地批评起来。一个说这儿不好，一个说那儿不对，但贝罗尼都一一修改过来，末了还跟她们说了声"谢谢"。第二天，贝罗尼有事到另一个地方去，在车站看到昨天那三位妇女，正交头接耳不知在议论些什么。过一会儿，那三个英国妇女看到他了，便朝他走过来，问他："先生，我们听说大画家贝罗尼正在这儿度假，所以特地来拜访他。请问你知不知道他现在在什么地方？"贝罗尼朝她们微微弯腰，回答说："不敢当，我就是贝罗尼。"三位英国妇女大吃一惊，想起昨天的不礼貌，一个个红着脸跑掉了。

人们称谦逊为一切美德的皇冠，因为它将自觉的纪律、天职、义务以及意志等和谐地融汇到一起。凡是能够谦逊地估计自己能力的人，在人生掌控方面总能让自己和他人信服。

前苏联教育家苏霍姆林斯基说过："谦逊是爱好劳动、尽心竭力、坚定顽强的亲姊妹。夸夸其谈的人从来不是勤奋的劳动者。脑力劳动

147

是一种需要非常实际、非常清醒、非常认真的劳动，而这一切又构成谦逊的品德。谦逊好像是天平，人们用它可以测出自己的份量。傲慢具有很大的危险性，这是现代人常见的通病，它往往表现在：把对于某种复杂事物的模糊的、肤浅的、表面的印象当做知识。"

因此，谦逊这种品质对我们来说，意味着我们要养成善于正确看待自己优缺点的习惯。无论人家怎样夸奖你，你都要明白，你还远不是个尽善尽美的人。你要懂得，人们赞扬你，多半是要求你这样进行自我教育：怎样才能做得更好。如果你不再进行自我锻炼和自我教育，那就是一种自高自大的表现。

一个有着谦逊习惯的人，如果将自己身上一切值得赞扬的东西都看做是应该的、理所当然的，那么他就会将纪律当做真正的自由，并且为之努力奋斗。

我们应该像华盛顿一样，让谦逊成为一种固定风格。

骄傲是人类的宿敌，如果不战胜它，就会毁了我们自己。

● **计划谦虚习惯**

1. 时刻保持好学好问的习惯

孔子说："三人行，必有或师焉。择其善者而从之，其不善者而改之。"三个人走在一起，其中一定有人可以做我的老师，有优点的人我就学习他，有缺点的人我就要引以为戒，让他做自己的一面镜子、反面教材，时刻告诫自己不能犯和他一样的错误。孔子的接班人曾子对他的弟子也谈过这个问题，而且在探讨这个问题时比孔子的调子更低些。曾子说："以能问于不能，以多问于寡，有若无，实若虚，犯而不校。"意思是有本领的人也要向不如自己的人虚心求教；知识丰富的人也要向知识不如自己的人虚心求教；即使自己学问非常渊博，在待人处事上却要低调，好像自己什么都不懂的样子；即使自己内涵很深厚，表现出来也要是普普通通不张扬的样子；那些不如自己的人冒犯了自己，要能不和他们计较，宽以待人。

孔子、曾子的语录给了我们一个很好的导向，教导我们时刻要保持好学好问的习惯。

有一个比喻充分说明了学无止境，一定要保持谦虚的道理：在纸上画一个圆圈。圈内表示我们已知的东西，这是有限的；圈外表示我们未知的领域，这是无限的；而圆周则表示已知与未知的界限，这是动态的。我们已知的东西越多，则圆圈越大，圆周也越长，这意味着我们接触到更多的未知领域。也就是说，我越多知，却发现自己越无知了。

2. 低调处事

一个人要做到真正的谦虚，还应该低调处事。不管自己是一个什么样的角色，在不看轻自己的情况下，把自己看淡些，再看淡些，给他人多一些尊重和赞许的目光，然后用平和投入的心态去做自己该做的事情。

季羡林就是一个处事低调的典型。他是著名文学家、语言学家、教育家和社会活动家，精通 12 国语言。然而他却很低调。他说："我常常讲，我是样样通，样样松。我一生勤奋不辍，天天都在读书写文章，但一遇到一个必须深入或更深入钻研的问题，就觉得自己知识不够，有时候不得不临时抱佛脚。"

3. 常怀一颗感恩之心

谦虚者还需时常怀着一颗感恩之心。

向比自己强的人低头求教容易，而对不如自己的人还能虚心求教，甚至有时候还要让自己表现得不张扬、很普通、什么都不懂的样子就难了。人各有自己的长处，用别人的长处比自己的短处：处处比别人矮一截。自然谦虚了。

自以为是、骄傲自大就会退步，而虚心不自满就会进步。谦虚的人，无论走到哪里，都会获得他人的爱戴，否则只能是"美者自美，吾不知其美也。"没有人喜欢骄傲自大的人，相反，他遭到人们的厌恶和排斥。所以古人说："自满者，人损之；自谦者，人益之。"一个人学问越大，财富越多，地位越高，就越需要谦虚谨慎，否则，很可能成为众矢之的而前途多舛。

【心理小测验】

别人在某方面比你优秀，你能赞扬他，并向他学习吗 ？

　A.是　　　　　　　B.否

分析：

如果你的回答是"否"的话，说明你的谦虚习惯还没有完全养成，需要继续培养哦！如果你回答是"是"，那么，恭喜你，你已经养成了谦虚的好习惯！继续保持吧，谦虚的习惯将成就你一生！

让我们每个人都有一个虚怀若谷的胸怀，都有一种谦虚谨慎、戒骄戒躁的精神。用我们的有限的生命时间去探求更多的知识空间吧！

宝剑锋从磨砺出

—— 第 11 个必备习惯：坚持

骐骥一跃，不能十步；驽马十驾，功在不舍。锲而舍之，朽木不折；锲而不舍，金石可镂！

——荀子《劝学》

仰观宇宙之大，纵览古今名人，大凡有成就之人，他们都有一个成功的秘诀，那就是坚持！坚持是一种品质，是一种意志的体现，是一种积极向上的生活态度，是获得成功的一种方式。

没有比脚更长的路，没有比人更高的峰。只要坚持，再长的路也能走到尽头，再高的山也能踩在脚下，再硬的石头也抵不过百年水滴石穿，再傲的峭壁也挡不住浪头千锤百打。

坚持下去吧，成功就在不远处向你招手！

凡事贵有恒

● **成功阶梯**

　　1880 年 6 月 27 日，海伦·凯勒出生在美国亚拉巴马州北部的一个城镇。在一岁零七个月时，突如其来的猩红热产生的高烧使海伦失明、失聪，成为一个集盲、聋、哑于一身的残疾人。但是，坚强的海伦并没有因此向命运屈服。这个在无光、无声的黑暗世界里摸索的少女，以惊人的毅力和不屈的精神，创造了生命的奇迹。她不断地克服重重困难，从一个个单词开始练习说话。靠着不屈不挠的意志，海伦学会了唇读，并以优异的成绩完成了世界名校哈佛大学的学业。她又自学并掌握了英、法、德等 5 国语言，成为 19 世纪美国盲聋女作家、教育家、慈善家、社会活动家，被美国《时代周刊》评为美国十大英雄偶像，荣获"总统自由勋章"等奖项。主要著作有《假如给我三天光明》《我的生活》《我的老师》等。不可否认，海伦·凯勒的成功离不开她十年如一日的坚持。不管在什么时候，她都坚持着前进、坚持着梦想。

　　王羲之是 1600 年前我国晋朝的一位大书法家，被人们誉为"书圣"。王羲之擅长书法，他的书法博采众长，诸体兼精，一变汉魏的用笔，独创圆转流利之风格，隶、草、正、行各体皆精。其行书《兰亭集序》《快雪时晴帖》，草书《初月帖》，正书《黄庭经》《乐毅论》等最为著名。尤其是《兰亭集序》，至今仍不断被临摹传诵。绍兴市西街戒珠寺内有个墨池，传说就是当年王羲之洗笔的地方。他每天坐在池子边练字，练完字就在池水里洗笔，天长日久竟将一池水都洗成了墨色，这就是人们今天在绍兴看到的传说中的墨池。可见，王羲之之所以能成为"书圣"，与他日复一日的坚持练习是分不开的。

玛丽·居里是世界著名科学家，研究放射性现象，发现镭和钋（pō）两种天然放射性元素，一生两度获诺贝尔奖。作为杰出的科学家，居里夫人有一般科学家所没有的社会影响，尤其因为是成功女性的先驱，她的典范激励了很多人。

居里夫妇的实验室条件极差，夏天，里面被太阳晒得像一个烤箱；冬天，又冷得人都快冻僵了。居里夫人克服了人们难以想象的困难，为了提炼镭，她辛勤地奋斗着。居里夫人要将废渣一锅一锅地煮沸，一刻不停地搅拌；一瓶瓶地倒进倒出，一点一点地结晶。她每天穿着沾满灰尘和酸液染渍的工作服，站在大锅旁，烟熏火燎，眼睛流泪，喉咙刺痒。就这样，她整整奋斗了35年，这是多么繁重的劳动，需要何等坚韧不拔的毅力啊！终于，她的努力没有白费，最后，居里夫人发现了镭。

不管是西方的海伦·凯勒、玛丽·居里，还是东方的王羲之，他们之所以能有如此大的成就并被我们津津乐道，离不开两个字——坚持。可以说，是日复一日的坚持成就了他们的伟大。

● 习惯魅力

李白——"只要功夫深，铁杵磨成针"

唐朝大诗人李白，小时候不喜欢读书。一天，趁老师不注意，悄悄溜出门去玩儿。他来到山下小河边，见一位满头白发的老婆婆，正在磨一根棍子般粗的铁杵。李白很纳闷，上前问："老婆婆，您磨铁杵做什么？"

老婆婆说："我要把这根铁杵磨成一个绣花针"。李白吃惊地问："哎呀！铁杵这么粗大，怎么能磨成针呢？"老婆婆笑呵呵地说："只要天天磨铁杵总能越磨越细，还怕磨不成针吗？"

聪明的李白听后，想到自己，心中惭愧，转身跑回了书屋。从此，他牢记"只要功夫深，铁杵磨成针"的道理，发奋读书。最终成为了我国历史上伟大的豪放派诗人。

朱保国——"撞开南墙，见到成功"

1962年，他出生于河南新乡。他有着平凡的童年，平凡的学生岁月，从河南师范大学化工专业毕业后，在商店工作过，还曾做过化工技术员。

26岁时，他担任了一家小化工厂的厂长。在工厂资金运转困难面临倒闭的时候，他选择了坚持！他努力让自己冷静下来，制订了拯救工厂的具体方案，成功地把工厂带上正轨。

之后，他到了深圳，与几位朋友筹资成立了深圳爱迷尔食品有限公司，但是，公司再次面临资金短缺的困境，员工们的工资没有着落，人心涣散，连合伙人也想散伙了，更要命的是，在深圳的他没有任何途径从银行贷款。他四处奔走，筹措资金。最终，他兑现了承诺，将拖欠的工资连本带利还给了员工。

他就是朱保国，现在旗下拥有健康元、丽珠得乐两家上市公司，多家控股子公司，员工8000多人，资产40多亿。他的经历看起来一帆风顺，背后却是艰难曲折，甚至是"九死一生"。

当许多人说他是疯子的时候，他在坚持；当合伙人离他而去时，他在坚持；甚至当他负债累累濒临绝境时，他还在坚持。他这样总结着自己的成功："人家说不撞南墙不回头，我是撞了南墙，还要撞开它！"

这不就是坚持吗？

金字塔上的蜗牛

一支考古队，到胡夫金字塔考察。他们凭借直升机的力量，用吊绳攀上了金字塔的顶部。在他们不远处，几只雄鹰受了惊吓，落荒而逃。

接下来的考古中，考古队员发现了一个不可思议的现象，那就是，在胡夫金字塔的顶部，他们居然发现不少蜗牛的躯壳。这些蜗牛究竟是如何从地面来到离地面 136.5 米的高处，相当于 40 层楼房之高的金字塔顶？有人猜测，或许，是雄鹰从地面叼上来的美味佳肴，但在每一个躯壳里，蜗牛的身体都毫发无损。这确实很难解释。那么，是黏附在飞机的表面，最终坠落下来的？也不是。因为按照常理，飞机发动后，那股强大的气流，足以把蜗牛吹得无影无踪。后来，陆续有了更多的发现，那就是，在金字塔的中上部不断发现有蜗牛爬过的痕迹，还有许多黏附在塔体已经干枯掉的蜗牛。原来，正是这些号称爬行速度最慢的蜗牛，通过一个月、两个月，最终一步一步地爬上了这个世界上最伟大的石头建筑，也攀上了自己生命的最高峰。

蜗牛，向来以爬行缓慢、效率低下而著称。但正是这种看似懒散懈怠的小虫子，凭借坚持，做出了连人类不依靠外力都难以达到的壮举。那一刻，几乎所有的考古队员都有了一种深深的感触与震撼。

"天才就是长期的坚持不懈。"

——布封

"滴水穿石，不是因其力量，而是因其坚韧不拔、锲而不舍。"

——拉蒂默

"要做到坚韧不拔，最要紧的是坚持到底。"

——陀思妥耶夫斯基

"只要持续地努力，不懈地奋斗，就没有征服不了的东西。"

——塞内加

你有坚持下去的习惯吗？

请按照你的实际情况在题后的括号内作出选择，并在符合你的实际情况的括号内划"√"。

	是	否
1. 每当我做一件事的时候，我总是会坚持做完。	（ ）	（ ）
2. 虽然我觉得老师讲课的内容很枯燥，但我还是会坚持到下课。	（ ）	（ ）
3. 同学们都说我是一个能坚持到底的人。	（ ）	（ ）
4. 制订好计划后，我总是能很好地完成。	（ ）	（ ）
5. 我是一个说到做到的人。	（ ）	（ ）

评分：每一题选"是"记1分，选"否"记0分，把五个小题的得分加起来就是总分。

分析：

如果你的得分在3分以上，说明你是一个能够坚持到底的人，你具有能坚持下去的好习惯。但是不要骄傲哦，希望你再接再厉，在保持这一习惯的同时也可以适当地引导一下周围的朋友、同学，也让他们做一个有坚持下去的习惯的人。

如果你的得分是3分，你属于普遍水平，对自己喜欢的事情能够坚持下去，对自己不喜欢的事情则很容易半途而废。给你一个小小的建议哦：在坚持不下去的时候可以在心里鼓励自己，给自己信心，相信自己是最好的。

如果你的得分在3分以下，很遗憾。你是一个难以坚持下去的人，几乎没有坚持下去的习惯。但是，不要气馁，你还有很大的提升空间哦。你可以在日常的学习中不断地培养自己坚持下去的习惯，如，坚持按时完成老师布置的作业；给自己制订详细的学习计划并认真实施；

可以找一个监督者随时督促你学习等。相信通过这些方法，你也可以养成坚持下去的好习惯。

【心理小知识】

心理学家告诉我们，养成坚持的好习惯对我们大有裨益。

坚持有神奇的力量。我国古有"愚公移山""精卫填海""大禹治水"等传说，从这些故事中可以看出，中华民族很早就领略了坚持的力量：它可以化腐朽为神奇。作为炎黄子孙，自是该将这一优良传统发扬光大：把它作为学习的良好习惯。荀子说：锲而舍之，朽木不折；锲而不舍，金石可镂。这是坚持的力量。大禹治水，劳身焦思，居外 13 年，三过家门而不入。终于制伏洪水，让人们能正常地生产和生活了。这也是坚持的结果。

坚持是成功的密码。坚持，是一个过程，一个持续的过程。想做成一事，就要一件件小事慢慢儿地做，积少成多，正所谓不积跬步，无以至千里；不积小流，无以成江海。大道理，谁都会说，但是，能够真正"坚持"下来的人却很少。有些人，做事是怕别人说失败，为不失败而坚持。有些人做事，为了成功，为了成功的目标而坚持。但是坚持的结果都是成功。因此坚持常常是成功的代名词。

坚持是一种美好的品质。相信你一定读过不少励志文章吧。我们会被其中主人公不凡的经历和过人的才智所吸引，但真正打动我们内心的则是他们坚持不懈的奋斗品质。无论是德高望重的名家大家，还是驰骋商海功成名就的企业家、创业者，或者资质平平却能通过勤奋努力有所作为的普通人，他们无不是生活的坚持者。在这些主人公身上，坚持已经成了他们生命中一种美好的品质，与他们如影随形。

锲而不舍 金石可镂

● **他山之石**

爱迪生一生的发明无数，据说有 1000 多种，被称为"发明大王"。尤其是他发明的电灯，彻底改变了我们的生活。爱迪生耐用电灯泡的发明，就是坚持的最好例证。

早在 1821 年，英国的科学家戴维和法拉第就发明了一种叫电弧灯的电灯。这种电灯用炭棒作灯丝。它虽然能发出亮光，但是光线刺眼，耗电量大，寿命也不长，因此很不实用。电弧灯不实用，我一定要发明一种灯光柔和的电灯，让千家万户都用得起，爱迪生暗下决心。于是，他开始试验作为灯丝的材料：用传统的炭条作灯丝，一通电灯丝就断了；用钌、铬等金属作灯丝，通电后，亮了片刻就被烧断；用白金丝作灯丝，效果也不理想。

就这样，爱迪生试验了 1600 多种材料。一次次的试验，一次次的失败，很多专家都认为电灯的前途黯淡。英国一些著名专家甚至讥讽爱迪生的研究是毫无意义的。一些记者也报道："爱迪生的理想已成泡影。"面对失败，面对有些人的冷嘲热讽，爱迪生没有退却。他明白，每一次的失败，意味着又向成功走近了一步。

终于，在经历 13 个月的艰苦奋斗，试用了 6000 多种材料，试验了 7000 多次后，实验有了突破性的进展。1879 年 10 月 21 日，爱迪生点燃了第一盏真正有广泛实用价值的电灯。

"无论什么时候，不管遇到什么情况，我绝不允许自己有一点点灰心丧气。"这就是爱迪生对"坚持"的诠释。

* 爱迪生的坚持习惯

1. 认定的事情就要做下去

只要是自己认定了的事，就要坚持不懈地完成，哪怕是被嘲笑、被误解。英国一些著名专家甚至讥讽爱迪生的研究是毫无意义的。面对专家的质疑，记者冷嘲热讽的报道，面对一次又一次的实验失败，爱迪生没有退却。因为他明白，每一次的失败，意味着又向成功走近了一步。爱迪生用他的实际行动向我们诠释了"坚持"的含义。

2. 挫折与失败面前不气馁

爱迪生试验了各种各样的材料。一次次的试验，但还是一次次的失败，可他没有放弃。终于，在经历 13 个月的艰苦奋斗，试用了 6000 多种材料，试验了 7000 多次后，实验有了突破性的进展。皇天不负苦心人，1879 年 10 月 21 日，爱迪生点燃了第一盏真正有广泛实用价值的电灯。我们的生活从此发生了翻天覆地的变化。

马云，1999 年和 17 位创始人以 50 万元人民币起步，创办阿里巴巴网站。2000 年 7 月，成为首位登上《福布斯》封面的中国大陆企业家。2003 年，创办淘宝网。2004 年，推出独立的支付宝公司。2005 年，和雅虎合作，兼并其在华所有资产。2007 年，阿里巴巴在香港联交所上市，马云和他的创业团队，缔造了中国互联网史上最大的奇迹。2004 年他获得年度经济人物的殊荣，在接受主持人陈伟鸿的采访时说："感谢 CCTV，也感谢所有的评委，我的客户，还有我的同事，是大家把我的梦想变成一个现实。五年以前也是这个时候在长城上跟我的同事们说我们想创办全世界最伟大的中文公司，我们希望全世界只要是商人一定要用我们的网络，当时这个想法，很多人认为是疯子，这五年里很多人认为我是疯子，不管别人怎么说，我从来没有改变过一个中国人想创办全世界最伟大公司的梦想。1999 年的时候，我们提出要 80 年，在互联网最痛苦的时候，2001年、2002年的时候，我们在公司里面讲得最多的字就是'活着'。即使全部的互联网公司都死了，我们只要还跪着我们就是赢的；我永远相信只要永不放弃，我们还是有机会。最后，我们还是坚信一点，这世界上只要有梦想，只要不断努力，只要不断学习，不管你长得如何，不管是这样，还是那样，男人的长相往往和他的才华成反比。"

我想大家不难看出，马云的意思就是"坚持"！马云能够一次次创造奇迹，靠的就是坚持！只有坚持，坚持，才能取得胜利。

马云有句经典的语录："今天很残酷，明天更残酷，后天很美好，但是绝大部分人是死在明天晚上，只有那些真正的英雄才能见到后天的太阳。"这句名言被无数次转载运用，它的精髓也是坚持。

＊马云的坚持习惯

挫折面前永不气馁

在互联网最痛苦的时候，在所有人都倒下的时候，他还是痛苦地支撑着。因为他相信，只要活着，就还有机会。就像马云说的那句话：今天很残酷，明天更残酷，后天很美好，但是绝大部分人是死在明天晚上，只有那些真正的英雄才能见到后天的太阳。他坚持了，所以他见到阳光了。

● **坚持习惯养成要诀**

1. 基础学习不能怕枯燥

学习任何一种东西，如果想持久，都是一生的事情，是一个细水长流、水到渠成的过程。所以，大家在学习基础知识时，要有一个长期的打算，不要期望掌握一门学识或技艺能够一蹴而就。

小学、初中阶段，是我国的义务教育时期，所安排的课程是一个人一生的基础，是必备的知识。如果你对这些课程感兴趣，那你是幸运儿，可以享受学习的乐趣；但如果没有兴趣，也必须掌握好这些基

础知识。正如李开复在谈到基础教育时说："虽然我一向鼓励大家追寻自己的兴趣，但在这里仍想告诉大家，生活中有些事情即便不感兴趣也是必须要做的。"

因此，面对数学题，你必须一道一道地演算；面对英语单词，你必须一个一个地记忆；面对语文课文，你必须一篇一篇地背诵。谁也不能偷懒。

2. 认定的事情就一直做下去

"无论什么时候，不管遇到什么情况，我绝不允许自己有一点点灰心丧气。"这是爱迪生对"坚持"的诠释。

对于我们呢？为自己定一个目标，就要始终朝着这个目标迈进，不要被沿途的风景所吸引。路是自己选的，自己要负责。

那么，我们在学习中遇到困难，也要一直坚持走下去，尽力去解决，一个人不行，还有同学，还有老师，总会有办法的，不要灰心丧气，更不要一蹶不振。

3. 挫折与失败面前不气馁

"困难像弹簧，你弱他就强"。面对挫折与失败，不要气馁，要勇敢地面对，让困难在你面前永远抬不起头！只有在困难面前不退缩、不低头，挫折面前不气馁，用持之以恒的毅力，锲而不舍的钻劲，去破解前进中的各种难题，才会确保各项任务的顺利完成。

【心理小知识】

1 万小时定律

成功背后靠的是什么？靠的是天赋、家庭背景、文化程度还是偶然的机会？

美国马尔科姆·格拉德韦尔的新书《超常之辈：成功的故事》告诉我们成功背后的秘密：在任何领域取得成功的关键跟天分无关，成功的原因只有一个——坚持练习 1 万个小时。如果一个人在 10 年之内，对他所从事的专业进行 1 万小时的练习，即每周练习 20 小时，大概每天 3 小时。他就能在这个行业获得成功。这就是著名的 1 万小时定律。

无独有偶，神经科学家丹尼尔·列维京说："无论是在对作曲家、篮球运动员、小说家、钢琴家，还是象棋选手的研究，练习 1 万小时这个数字反复出现。"这与 20 世纪 90 年代初，德国心理学家安德斯·埃里克森在柏林音乐学院做的调查向类似：学小提琴的孩子们大约都是从 5 岁开始练习的。起初每个孩子都是每周练习两三个小时。但是从 8 岁起，那些最优秀学生的练习时间开始增加，9 岁时每周 6 小时，12 岁时每周 8 小时，14 岁时每周 16 小时，直到 20 岁时每周 30 多小时，共 1 万小时。

比尔·盖茨在西雅图上初中和高中时，由于得到了令人难以置信的幸运机会，得以累积了他的 1 万小时。因为早在 1968 年，比尔·盖茨上八年级的时候，他就读的私立中学，购置了一台最早的可以直接连接到大型计算机上的电脑终端机。小时候他家挨着华盛顿大学，在那里他可以接触到一台更高级的计算机。到盖茨大学二年级从哈佛大学辍学去开办自己的软件公司时，他已经连续练习了 7 年的程序设计，超过了 1 万小时。

这个结论或可存疑，但也足见成功的关键是坚持练习而非天分。所谓"天道酬勤"，通过不断的练习，提高自己的境界和学识素养，这样你尽管不能达到最理想的人生目标，但总能实现一个切近而合适的目标，在特定的领域里实现自己的人生价值，更好地服务于祖国和人民。

坚持，再坚持

● **坚持成习惯**

　　岩石的缝隙里掉进一些松树种子，后来成活了八株小松树。土地贫瘠，山风暴虐，八株小松树艰难地生长着。

　　三年后，一个农夫上山，看到了小松树，想把它们移回去，栽在房前屋后。他只刨了五棵，因为另外三棵太瘦小，怕移回去活不过来，就没有要。

　　十年后，一个园艺师来到高山上，看到这三棵松树是优质品种，想把它们移到公园里去供人观赏。他移走了两棵，还有一棵因为长在山岩边，人上不去，就放弃了。

　　剩下的一棵松树看到同伴们都被运走，直怪自己长在偏僻处，不然就不用在这山里承受寂寞和苦难了。又经历了无数个春夏秋冬，那棵松树不再哀叹命运的不公，而是抓紧足下的土地，承受着狂风严霜，鼓足劲头生长。

　　两百年后，一条山路从山下修了上来。上山观光的人络绎不绝，都惊叹那棵松树的高大奇绝——它背山临谷，云遮雾绕，苍虬挺拔，亭亭如盖……

　　不久，一个很有学问的人为它竖了一块牌子，上书"天下第一松"。

　　那棵松树错过了两次改变命运的机会，却成了"天下第一松"。可见，比机会更加重要的是坚守足下的土地。

　　养成坚持的好习惯的秘诀只有两个字，就是"坚持"。对于一棵树来说，它生长的目标就是苍劲挺拔，傲然而立，被人观赏，让人惊叹，这是它坚持的结果。对于我们来说，要养成坚持的好习惯，还是两个字——坚持！

● 计划坚持习惯

如何让我们养成坚持的好习惯呢？一起来看看吧。

你可以给自己提出下列小要求：

①每天给自己制订一个课外时间学习计划，并严格按照计划执行。

②每天要求自己闹铃一响立刻起床，不可以睡懒觉。

③给自己制订一个作息表，并执行。

④按时完成老师布置的所有作业，不可以拖欠。

⑤每天收拾自己的房间，保持整洁。

⑥做一件事情不可以半途而废。

⑦遇到困难的时候不可以知难而退，要迎难而上，想办法解决。

⑧一步一步地朝目标前进，不达目的，誓不罢休。

同学们，你可以找自己的爸爸、妈妈或者好朋友做你的计划监督人，并商量出一个奖罚措施。比如说，如果你每天都能够做到上述要求，那么就可以得到一定的奖励，你可以得到你喜欢的小玩具，或者让他们答应你一个小小的请求，或者陪你到公园看你喜欢的小动物等。但是，记得不要太过分哦。

当然，如果你没有做到上述要求，可不要耍赖。你就要受到一定的惩罚。可以是拿走你喜欢的小玩具，拒绝带你去玩等。

【心理小测验】

心理学家说一个习惯的养成大概需要21天左右，如果你已经坚持了21天，那么你就可以进行这个小测试了。

现在就来看一下你养成坚持的习惯了吗，让我们再重新看一下小要求吧。

①每天给自己制订一个课外时间学习计划，并严格按照计划执行。

②每天要求自己闹铃一响立刻起床，不可以睡懒觉。

③给自己制订一个作息表，并执行。

④按时完成老师布置的所有作业，不可以拖欠。

⑤每天收拾自己的房间，保持整洁。

⑥做一件事情不可以半途而废。

⑦遇到困难的时候不可以知难而退，要迎难而上，想办法解决。

⑧一步一步地朝目标前进，不达目的，誓不罢休。

计分：以上八条，在你做到的条目前面打上"√"，没有做到的条目前面打上"×"。数一数你有多少个"√"？"√"的数量就是你的得分哦。

分析：

如果你的分数在7分或以上，恭喜你，你做得很好，基本上已经养成了坚持的好习惯，再接再厉。如果你的得分在3分及以下，很遗憾，你还没有养成坚持的习惯，希望你能够坚持做到以上八个小要求，下次再来测吧。如果你的得分居于中间，不要灰心，再坚持一下，你很快就会拥有坚持的好习惯的，继续努力。

生活对于任何人都非易事，我们必须有坚韧不拔的精神。我们必须相信，我们对于每一件事情都具有天赋的才能，并且，无论付出任何代价，都要把这件事完成。这样，当事情结束的时候，我能问心无愧地说："我已经尽我所能了。"

你知道大人物是什么吗？就是一直不断努力的小人物。你也想成为大人物吗？那就不断地坚持努力吧！

一寸光阴一寸金

——第 12 个必备习惯：利用空闲几分钟

> 零星的时间，如果能充分地加以利用，可成为完整的时间。所谓"积土成山"是也，失去一日甚易，欲得回已无途。
>
> ——卡耐基

"时间是构成生命的材料"，这是富兰克林的名言。古往今来，一切有成就的学问家都是善于利用小时间的人。许多同学往往认为那些零散的时间没什么用处，几分几秒的时间，看起来微不足道，其实这些时间看似很少，但汇合在一起就大有可为。

时间就像海绵里的水，你必须用力挤它才能流出。上帝是不公平的，给了每个人不同的容貌、家境和地位；而上帝又是公平的，给每个人每天都是 24 小时。那么，你如何才能比别人走得更快、更远，如何比别人站得更高呢？鲁迅是这样说的：哪里有天才！我是把别人喝咖啡的工夫都用在工作上的。

所以，好好利用那空闲的几分钟吧，有一天蓦然回首，也许你会惊喜地发现，就是这一个又一个短短的几分钟，搭成了你成功的阶梯。

分秒必争

● 成功阶梯

鲁迅先生被毛泽东评价为伟大的无产阶级文学家、思想家、革命家，是中国文化革命的主将，也被人民称为"民族魂"。他一生写作计有600万字，其中著作约500万字，辑校和书信约100万字。他的文章涉及到杂文、诗文、散文、小说、回忆录等多种类型。大家都说鲁迅有天才，可是鲁迅自己说："哪里有天才！我是把别人喝咖啡的工夫都用在工作上的。"鲁迅为了爱惜时间，总想在一定时间内多做一些事情。他曾经说过："节省时间，就等于延长了一个人的生命。"

鲁迅工作起来是不知道疲倦的。他常常白天做别的工作，晚上写文章，一写就到天亮。到了老年的时候，时间抓得更紧。在他逝世前不久，生着病，体温很高，体重减轻到不足40公斤，仍然拼命地写作和翻译文章。在他去世前三天，还替别人翻译了一本苏联小说集的序言，在逝世的前一天还写了日记。鲁迅一直工作到他离开我们的那一天，从来没浪费过时间。

鲁迅不仅爱惜自己的时间，也爱惜别人的时间。他从来不迟到，绝不叫别人等他。就是下着大雨，他也总是冒雨准时赶到。他曾经说过："时间就是生命，无缘无故地耗费别人的时间和谋财害命没有两样。"

"哪里有天才！我是把别人喝咖啡的工夫都用在工作上的"。这是鲁迅对他的成功的最好注解。我们应该学习鲁迅先生爱惜时间的精神，充分利用每一分钟的空暇时间，也爱惜别人的时间，不让宝贵的时间浪费一分钟。

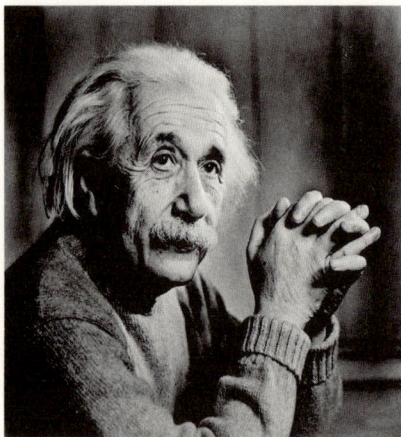

爱因斯坦，举世闻名的德裔美国科学家，理论物理学家，现代物理学的开创者和奠基人。1925年，爱因斯坦的狭义相对论成功地揭示了能量与质量之间的关系，解决了长期存在的恒星能源来源的难题。他创立了相对论宇宙学，大大推动了现代天文学的发展。1921年获诺贝尔物理学奖，1999年被美国《时代周刊》评选为"世纪伟人"。他的伟大成就与他能有效地利用每一点空闲时间是分不开的。

爱因斯坦曾组织过享有盛名的"奥林比亚科学院"，每晚例会，他总是愿意同与会者手捧茶杯，边喝茶，边谈话。爱因斯坦就是利用这种闲暇时间，交流自己的思想，把这些看似平常的时间利用起来。他后来的某些理想主张，各种科学创见，在很大程度上产生于这种饮茶之余的时间里。现在，茶杯和茶壶已渐渐地成为英国剑桥大学的一项"独特设备"，以纪念爱因斯坦的利用闲暇时间的创举，鼓励科学家利用剩余时间，创造更大的成就，在饮茶时沟通学术思想，交流科学成果。

毋庸置疑，不管是鲁迅还是爱因斯坦，他们是伟大的，他们在文学史和科学史上的地位是无可替代的。但是，我们是否认真地思考过，是什么支撑着或者成就了这份伟大？那就是他们分秒必争的信念，是他们善于利用每一分钟空闲时间的习惯。

● **习惯魅力**

陈景润——"失踪的三十八号"

有一天，陈景润吃中饭的时候，摸摸脑袋，哎呀，头发太长了，应该快去理一理，要不人家看见了，还当他是个姑娘呢。于是，他放下饭碗，就跑到理发店去了。

理发店里人很多，大家挨着次序理发。陈景润拿的牌子是三十八号的小牌子。他想，轮到我还早着哩。时间是多么宝贵啊，我可不能白白浪费掉。他赶忙走出理发店，找了个安静的地方坐下来，然后从口袋里掏出个小本子，背起外文生字来。他背了一会儿，忽然想起上午读外文的时候，有个地方没看懂。不懂的东西，一定要把它弄懂，这是陈景润的脾气。他看了看手表，才十二点半。他想，先到图书馆去查一查，再回来理发还来得及，站起来就走了。

　　谁知道，他走了不多久，就轮到他理发了。理发员叔叔大声地叫："三十八号……"。可是，这时候的陈景润正醉心于知识的海洋不能自拔，怎么还记得回来呢。

杰克·伦敦——"神奇的小纸条"

　　著名美国作家杰克·伦敦的房间，有一种独一无二的装饰品，那就是窗帘上、衣架上、柜橱上、床头上、镜子上、墙上……到处贴满了各色各样的小纸条。杰克·伦敦非常偏爱这些纸条，几乎和它们形影不离。这些小纸条上面写满各种各样的文字：有美妙的词汇，有生动的比喻，有五花八门的资料。杰克·伦敦从来都不愿让时间白白地从他眼皮底下溜过去。

　　睡觉前，他默念着贴在床头的小纸条；第二天早晨一觉醒来，他一边穿衣，一边读着墙上的小纸条；刮脸时，镜子上的小纸条为他提供了方便；在踱步、休息时，他可以到处找到启动创作灵感的语汇和资料。不仅在家里是这样，外出的时候，杰克·伦敦也不轻易放过闲暇的一分一秒。出门时，他早已把小纸条装在衣袋里，随时都可以掏出来看一看，想一想。

詹姆斯·莫法特——"智者的休息"

若论承受的工作量，很少有人能超过英文《新约圣经》的翻译者詹姆斯·莫法特。据他的一位朋友说，他的书房里有 3 张桌子，一张摆着他正在翻译的《圣经》译稿；一张摆的是他的一篇论文的原稿；在第三张桌子上，是他正在写的一篇侦探小说。莫法特的休息方法就是从一张书桌搬到另一张书桌，继续工作。

闲暇对于智者来说是思考，对于愚者来说是虚度。莫法特以他的实际行动验证了这句话。他没有像其他人一样工作累了就好好地休息一下，他休息的方法就是换另外一种工作。这样，在别人工作的时候他在工作，在别人空闲的时候他还在工作。莫法特充分地利用了每一个小小的空闲时间，这也是他成功地译完《新约圣经》的法宝。

"完成工作的方法是爱惜每一分钟。"

——达尔文

"哪里有天才！我是把别人喝咖啡的工夫都用在工作上的。"

——鲁迅

"时间就像海绵里的水，只要愿挤，总还是有的。"

——鲁迅

"时间是由分秒积成的，善于利用零星时间的人，才会做出更大的成绩来。"

——华罗庚

【心理小测验】

你有利用空闲时间的习惯吗？

请按照你的实际情况在题后的括号内作出选择，并在符合你的实际情况的括号内划"√"。

是　　否

1. 在上学的路上我总是会回忆一下学过的内容或者思考一下没有解答的题目。 （ ） （ ）

2. 在等公交车的时候我也会想一些与学习有关的东西。 （ ） （ ）

3. 课间时间我会复习一下学过的知识或者预习下节课的知识。 （ ） （ ）

4. 入睡前我会背一下单词、看一下书等。 （ ） （ ）

5. 自习课上我很少和同学说话或者做一些与学习无关的事情。 （ ） （ ）

6. 我每天总是合理地安排好自己的时间，给自己制订一个学习计划。 （ ） （ ）

7. 我习惯不让自己闲下来。 （ ） （ ）

评分： 每一题选"是"记 1 分，选"否"记 0 分，把七个小题的得分加起来就是总得分。

分析：

如果你的得分在 6 分及 6 分以上，说明你是一个善于利用空闲时间的人，你具有利用空闲时间的好习惯。希望你能够继续保持这个好习惯，并感染、影响你身边的每一个人，让他们也体会到利用空闲时间的魅力。

如果你的得分是 4 分或 5 分，那么你居于平均水平，在一些时候会利用空闲时间，另外一些时候却不会。你已经意识到空闲时间的重要性，但是难以长时间坚持下去。希望你在意识到自己的问题之后能够更进一步，把空闲时间利用得更充分。

如果你的得分在 3 分及以下，很遗憾地告诉你，你几乎没有利用空闲时间的习惯，不能很好地管理自己的时间，使其发挥最大的作用。希望你看到空闲时间的重要性之后，能够及时地改变学习习惯，把空闲时间充分地利用起来，相信你的学习会更上一层楼。

心理学家告诉我们，养成利用空闲时间的好习惯，我们会获益匪浅。

提高学习效果。学习效果直接取决于我们所用的时间和时间安排的合理性，因此我们要充分合理地利用时间，提升学习效率。对于同学们来说，每天约有三分之一的时间在校学习，三分之一的时间休息，还有三分之一的空闲时间。如果充分利用好这些空闲时间，就可以做很多事情。利用空闲时间对我们的学习至关重要。

铸造成功阶梯。爱因斯坦在谈到人的成功时有句名言："人的差异主要在于业余时间。"和时间赛跑的人，总觉得时间很短很短；耗神于如何打发时间的人，总感到空闲的时间很长很长，有的甚至不知该干什么。纵观古今中外的那些惊世之举，无不是一个个奋斗者惜时如金、夜以继日地拼搏创造出来的。我们老一辈无产阶级革命家，像毛泽东、周恩来、朱德等，即使在硝烟弥漫的战争年代，也常常在马背上、油灯下阅读军事著作，研究古代兵法，从而取得举世瞩目的非凡成就。这些辉煌荣誉的取得绝不仅仅是工作时间里得来的，而是把部分空闲时间"变通"为工作时间，把许许多多的本应该空闲的时间都搭进去，才有了他们光辉灿烂的人生。这些都充分说明了谁善于利用空闲时间，谁把空闲时间用得好，谁就会有更大的收获，就能更好地把握人生；反过来，谁放弃、空耗了空闲时间，就难以成功。

惜时如金

● **他山之石**

湖南湘潭一个不知名的小镇上，有两个年轻人酷爱画画，20岁的时候，那个很有绘画天赋的年轻人放下了手中的画笔，另一个资质平平的年轻人为了谋生，做了木匠，忙着走村串户打制桌椅床柜，生活很苦，工作很忙，但他没有放下手中的画笔。他把画笔纸张放在木匠工具箱里，再晚再累，都要抽出一个钟头画画。

40年后，他成为著名的国画大师，他就是齐白石。那位曾和他一道学画的朋友来北京拜访他。二人交谈中，朋友表达了对大师的仰慕和对自己当年半途而废的惋惜。白石老人听了后微笑着说："其实成功远不像你说的那么艰辛和遥远，我从一个木匠到国画大师，仅仅用了4年多的时间。"看到朋友惊讶的表情，白石老人拿出笔和纸，计算起这40年他花在画画上的时间，折合起来只有4年零4个月，这是一个青年木匠成为一代绘画大师的时间！

成功的原因是什么？相信很多朋友已经从白石老人的故事中找到答案了。齐白石与那位朋友的距离很大又很小，只有那么一点点，那一点点就叫做——坚持和善于利用空闲几分钟。

＊齐白石利用空闲几分钟的习惯

1. "不教一日闲过"

齐白石年轻时每天挤出一个钟头画画，90岁后，他仍然挥毫作画，一天最少五幅。他坚持不让自己的一天在空闲中度过，让自己珍惜时间画画，用有限的一生练习最多的画。以至于后来他的画达到了炉火纯青的地步。"不教一日闲过"是他在 85 岁的时候对自己的勉励。一个 85 岁的老人尚且如此，年轻的我们是否更应惜时如金呢？

2. 持之以恒

两个酷爱画画的年轻人，在他们 20 岁的时候，其中一个很有天分的人因为某种原因放下了手中的画笔，不再继续画画。另一个资质平平的人虽然为了谋生做了木匠，可是，不管生活再苦，工作再累，他每天都要抽出一个钟头练习画画。40 年的坚持，60 岁成名，这需要多么大的毅力啊。若是齐老没有这 40 年的持之以恒，怕是难以有如此的成就吧。

本山胜宽，1981 年出生于日本大分县，东京大学工学院系统创建学系毕业，哈佛大学国际教育专业博士，日本最大的非营利性机构——日本财团发行部门负责人。他年幼时双亲皆不在家中，自己过着极贫苦的打工生活，高三上学期考试被判定为"不可能上榜"，但靠着他自己的学习方法，不参加任何辅导班，不请家教，快速提升成绩，顺利考上了东京大学。后来，他又靠着不到一年的自学，以 620 分的优秀成绩，成功考入哈佛大学。到韩国留学才一年，就通过了韩语能力六级（最高级）测试；同时利用上下班搭车的时间，自学三个月，成功考过西班牙语等级考试五级。

后来，本山胜宽写了一本书，名为《我这样考上东大和哈佛》，里面介绍了他之所以取得成功的方法，那就是充分利用每一分、每一秒的空闲时间。上学期间，他就给自己提出如下要求。

1. 慢慢增加学习时间，让身体习惯；

2. 把增加学习时间这个目标，当成动机来源；

3. 学习时间要分割成小块；

4. 用时间比重排出生活的优先级；

5. 上学通勤时间也是学习时间；

6.厕所和房间墙壁上贴便利贴；

7.把娱乐时间变成学习时间；

8.有策略地分配时间；

9.减少浪费，有效运用时间。

＊山本胜宽利用空闲时间的习惯

自知自觉

虽然山本胜宽没有富裕的家庭，没有时刻照顾着自己的父母，甚至还不被老师们看好，高三上学期考试被判定为"不可能上榜"。但他没有放弃，对自己仍抱有很大的希望。他靠着自己的学习方法，给自己制订合适的学习计划，充分利用每一点空闲时间。凭借其强烈的学习动机和独家"挤"时间的工夫，自觉给自己增加学习任务，最后成功地考上了东京大学。事情并没有到此结束，仍然是凭借着自学，他又敲开了哈佛的大门，并顺利通过韩语、西班牙语等级考试。

● **利用空闲时间习惯养成要诀**

1. 贵在自觉

高度的自觉性是学习的主要动力源。正是因为时间属于自由安排，所以更能检验一个人的自觉程度。我们许多人都有一个相同的毛病，就是自觉性太差，缺乏应有的主动性。正常的作业都要靠老师、家长千叮嘱万督促，没到最后期限作业不做完。空闲时间那就不用说了，没有人监督，靠个人主动去做应该做的事情就更难了。但生活中，有些事情又必须在空闲时间去做，比如你上课时有些地方没有听懂，下一节课的内容还没预习，该交的作业没有在规定的时间内做完等，这个时候就要靠空闲时间发挥作用了。如果想比别人取得更好的成绩，就要比别人学得更多，大家上课的时间都是一样的，老师教的内容也是一样的，那么成绩的好坏就取决于你比别人多用了多少空闲时间。如果你是一个喜欢读书的人，珍贵的上课时间肯定没机会让你去拜读群书，只能在业余时间看你想看的书籍。所以，如果没有很强的自觉性，凡事都要让人去说去管，被动地去做任何事情都不会取得最佳效果。

2. 持之以恒

对空闲时间的利用，要有顽强的毅力和锲而不舍的精神，不怕别人的冷嘲热讽，不凑热闹，不受周围环境的影响，要勇于战胜自我，抵制诱惑。做到持之以恒，关键是坚持。

3. 惜时如金

俗话说："一寸光阴一寸金，寸金难买寸光阴"。李大钊同志说："时间就是生命，浪费时间就是浪费生命。"这些至理名言从不同侧面阐述了时间的宝贵性，告诫人们要惜时如金、惜时如命，不要蹉跎岁月。珍惜时间，要有每分必用、每秒必争的精神，把该用的时间都用在工作、学习和有益的活动上；要有抠门吝啬的"痴劲"，计较秒秒分分，不让光阴虚度。珍惜时间，还要有很强的时间意识，干事定时准时，既珍惜自己的时间，也不无故浪费他人的时间。要学会挤时间，见缝插针，充分发挥好每一分钟的效能，这样日积月累，知识就会增长，综合能力就会提高，学习的效果也就会逐步地显现出来。

4. 科学安排

科学利用时间、安排时间，这是把可供自己支配时间用好的关键。

心中要有本时间账，既有长远时间，初步计算一下一年、一月有哪几个时间段、有多少时间能供我用；也有近期时间，本周、本日有哪些时间、有多少小时由我掌控。具体到每周、每日干些什么，要有计划和排序，而不能待到有时间了，才想做些什么。

要合理安排。时间利用的价值大小，安排是否科学至关重要。比如国家法定节假日、双休日等大块时间，应安排占用时间长、集中时间才便于完成的事情；而可以化整为零的事情，应在工作之余、茶余饭后去完成，诸如浏览几篇报刊、杂志上的文章，散步时间可以思考问题或背背单词等。

【心理小知识】

三八理论

有个著名的"三八理论"，就是说一个人的一天应该分为"三个八"：八小时工作、八小时睡觉、八小时自由安排时间即八小时的空闲时间。前面两个"八"，大多数人是一样的，并无多大变化；人与人之间的不同，就在于剩下的八小时怎么度过。

时间是最有情也是最无情的东西，每个人拥有的都一样，非常公平。但拥有时间的人不一定成功，善于利用时间的人才会成功，这是21世纪对人才的要求。人与人的差别，就产生在第三个八小时中。你如何利用自己的空闲时间，将最终决定你的一生是在浑浑噩噩中度过，还是在轰轰烈烈中度过。零碎时间虽短，但日复一日地积攒起来，其总和是相当可观的。凡是在事业上有成就的人，几乎都是能有效地利用零碎时间的人。把时间化零为整，精心使用，这正是古今中外很多有成就的科学家取得辉煌成就的妙招之一，值得我们借鉴。

八小时的空闲时间是零碎地分布在一天24小时中的。在日常生活中，只要你稍微注意一下，就会发现不少的零碎时间。如上学路上、等车的时候、饭前饭后等。如果你能善于发现这些空闲时间，并将它们合理地加以利用，养成利用空闲时间的好习惯，那么你的学习一定会事半功倍。

空闲时间的特性

一、非系统性： 空闲时间多是指工作之余、茶余饭后、课堂前后、候车室里、排队买东西等的时间，零零碎碎，连不成片、凑不成块，具有很强的散乱特性。

二、非强制性： 法定的工作时间是必须在指定的地点，在规定的时间开展正常的工作，具有强制性。与之对应的空闲时间，选择余地较大，可以随心所欲地做自己喜欢做的事情。

三、非确定性：从某种意义上讲，工作时间、空闲时间对于任何人来说都不是确定的，尤其是从事军人、警察、医疗等特殊职业的人员，工作时间和业余时间更是没有严格的界限区分的，有的业余时间实际是工作时间的延伸。学生的学习时间更是不确定的，没人规定你只能在上课时学习。所以如何利用课后时间，就是学习成功者与不成功者的区别之一。

效率最高的空闲时间

记忆时，先摄入大脑的内容会对后来的信息产生干扰，使大脑对后接触的信息印象不深，容易遗忘，叫前摄抑制（先摄入的抑制后摄入的）；后摄抑制（后摄入的干扰、抑制先前摄入的）正好与前摄抑制相反，由于接受了新内容而把前面看过的忘了，使新信息干扰旧信息。

所以，睡前半小时、早上起床后半小时、早上刚到学校的半小时是效率最高的空闲时间。

睡觉前是个绝佳的记忆黄金时段！睡前的这段时间可主要用来复习白天或以前学过的内容，对于 24 小时以内接触过的信息，根据艾宾浩斯遗忘规律可知能保持 34% 的记忆，这时稍加复习便可恢复记忆，更由于不受后摄抑制的影响，使记忆材料易储存，会由短时记忆转入长期记忆。另外根据研究，睡眠过程中记忆并未停止，大脑会对刚接受的信息进行归纳、整理、编码、储存。所以睡前的这段时间真的是很宝贵。

早晨起床后，由于不会受前摄抑制的影响，记忆新内容或再复习一遍昨晚复习过的内容，则整个上午都会记忆犹新。所以说睡前醒后这段时间千万不要浪费，如能充分利用，可收事半功倍之功。

刚到学校的半小时，一般是上午最清醒的时间，利用这半个小时复习一下昨天或早上的内容，会让你的记忆更加牢固。以前曾经看过一份调查报告，目标人群是世界 500 强公司中的财务总监。早上刚上班的半小时到一小时是他们一天中唯一不受打扰，能自由支配的时间。他们中的很多人都会把重要的决定放在这个时间内。除此之外，就会一直忙到下班为止。

让"空闲"不"闲"

● **坚持成习惯**

　　爱尔斯金，美国著名作家，大学教授，业余钢琴爱好者。

　　在他14岁的时候，除了繁重的家庭作业，还要花很长的时间去练琴，他的钢琴老师得知后，告诉了他一个影响其一生的真理，钢琴老师说："你将来长大以后，每天不会有长时间的空闲的。你可以养成习惯，一有空闲就几分钟几分钟地练习。比如在你上学以前，或在午饭以后，或在工作的休息余暇，5分钟、10分钟地去练习。把练习时间分散在一天里面，这样弹钢琴就成了你日常生活中的一部分了。"

　　毕业后他在大学任教，同时对文学创作有很大的热情。可是上课、看卷子、开会等事情把他白天晚上的时间完全占满了。差不多有两个年头他不曾动笔写一字，借口是没有时间。后来，爱尔斯金想起了卡尔·华尔德先生的那句话。于是按照那句话实践了起来。只要有5分钟左右的空闲时间，他就坐下来写作100字或短短几行。出乎意料，一个星期结束，竟积累了大量的稿子。

　　之后，爱尔斯金用同样积少成多的方法，长年坚持不懈，创作长篇小说。他说，每天工作虽然很繁重，但仍可以挤出一些空闲时间让我从事创作与弹琴两项工作。

　　爱尔斯金说：卡尔·华尔德先生的话对于我的一生有极重大的影响，由于他，我发现了极短的空闲时间如果能毫不拖延地充分地加以利用，就能积少成多，供给你所需的长时间。

　　歌德也曾说："善于利用时间的人，永远找得到充裕的时间。"时间由分秒组成，5分钟虽然短暂，微不足惜，但把生活中无数短暂的5分钟焊接起来，便是一条长长的"金项链"了。

　　爱尔斯金就是这样，将每天的几分钟不断地焊接起来，常年的坚持不懈，教书之余，还不断利用空闲时间进行创作、练习钢琴。这样不断地坚持下来，充分利用每一点空闲时间已经成了他生活的一部分。

坚持，成就了他利用空闲几分钟的好习惯，也成就了他精彩的人生。

● **计划利用空闲几分钟习惯**

每个人的空闲时间不一样，很多人经常会以我没有时间为借口。但你要知道，每天学习的时间决定着你未来的成就。你每天花在学习上的时间越长，你就离成功越近一步。有效地利用零散的空闲时间是助你达成目标的必经之路。

大家可以试着列出自己的空闲时间，最好不要少于5分钟。下面是我列出的可能比较空闲的时间清单：

☆ 上下学等车的时候；

☆ 等电梯的时候；

☆ 去食堂排队打饭的时候；

☆ 课间休息的时候；

☆ 早上起床的时候；

☆ 晚上睡觉前的时候；

☆ 上厕所的时候；

☆ 午休的时候。

你可以试着在纸上列出自己的空闲几分钟，然后仔细思考如何利用。可以随身携带一些写有课内相关知识的小纸条，这样更便于在回忆不起来的时候随时翻看，当然，也可以带上随身听听一些英文单词或歌曲，对学习英语大有好处。如果方便的话，带上课本也不失为一种好方法。最好带上一本笔记本，这样随时可以把获得的灵感、不懂的知识、想通的题目等及时记录下来。

有了这些随身携带的学习资源，你就要把自己所列出的空闲时间用这些内容填满。例如，晚上睡觉之前想想当天的知识，看还有哪些没有落实，并在脑海中复习当天所学的内容；早上起床的时候，制订出当天的计划，然后逐步落实；等车的时间，可用来背公式；课间可用来背记英文单词；上学路上，回忆回忆学过的古诗文；饭后散步，可用来观察事物，思考问题；早自习之前，拿出书看看等。

由于我们年龄还比较小，自我控制能力还不够强。那么，如何保证我们能够切实地履行我们的计划呢？让我们的家长或者好朋友来帮帮忙吧。

我们可以和家长或者好朋友达成一个协议，制订一个关于是否履行利用空闲时间计划的奖惩措施。例如，如果你能在一天结束时将这一天的空闲几分钟都好好利用了，那么你就可以得到一定的奖励；如果你在一天结束的时候没有完全地利用好当天的空闲几分钟，那么很遗憾，你必须受到一定的惩罚。至于奖励什么，惩罚什么，要由你们一起事先商量决定。

【心理小测验】

心理学家说一个习惯的养成大概需要二十一天左右，如果你已经坚持了21天，那么你就可以进行这个小测试了。

现在就让我们看一下你是否已经养成利用空闲几分钟的习惯吧。

以下是你所列的空闲时间，你有在以下时间内从事与学习有关的事情了吗？如果你的回答是"是"，请在题目后面的括号内打"√"，如果你的回答是"否"，请在题目后面的括号内打"×"。

1. 上下学等车的时候；　　　（　）

2. 等电梯的时候；　　　　　（　）

3. 去食堂排队打饭的时候；　（　）

4. 课间休息的时候；　　　　（　）

5. 早上起床的时候；　　　　（　）

6. 晚上睡觉前的时候；　　　（　）

7. 上厕所的时候；　　　　　（　）

8.午休的时候。　　　　　　　　（　）

计分：以上八条，数一数你有多少个"√"，"√"的数量就是你的得分哦。

分析：

如果你的得分在 7 分及以上，那么恭喜你，你已经养成了利用空闲几分钟的习惯，你每天都可以比别人多学一点点，积少成多，相信今后的你一定前途无量。如果你的得分在 3 分及以下，那么，很遗憾地告诉你，你还没有养成利用空闲几分钟的习惯，可能是你的自我管理能力较差，时间观念不强，希望你在了解空闲时间的重要性后，能意识到空闲几分钟的利用足以让人成功的真谛，从而能更好地利用自己的空闲几分钟。如果你的得分处于中间水平，不要灰心，你已经有很大的进步了，在很多时候你都能很好地控制自己，合理地利用时间。你只要再稍微地努力一下，养成利用空闲几分钟的好习惯指日可待，加油！

在学习时间的管理中，充分利用空闲几分钟是重要的一环。达尔文说："我从来不认为半小时是微不足道的一段时间。"著名的科学家雷曼也说过："每天不浪费剩余的那一点时间，即使只有五六分钟，如果利用起来，也一样可以产生很大的价值。"

所以今后的我们，一定要学会利用零碎的时间，做到点滴积累，系统提高。要获取高深的知识，没有捷径可走，只能靠平时一点一滴地积累，才能实现梦想。让我们为自己加油吧！